당신도 5년 안에
100억 부동산 부자가 될 수 있다

당신도 5년 안에 100억 부동산 부자가 될 수 있다

김한중 지음

매일경제신문사

현시대를 살아가고 있는 사람들은 대부분 경제적 자유를 누리면서 본인이 원하는 삶을 살기를 희망한다.

그렇지만 경제적 자유를 누린다는 것은 개인마다 추구하는 삶의 방향과 생활 방식이 다양해서 획일적인 방법을 제시하기 어렵다.

불과 몇 년 전까지만 하더라도 아파트 가격이 이렇게 오를 것이라고 예측한 전문가들은 많지 않았다. 중산층 가정이라면 최소한 아파트 한 채는 가지고 있을 것이다. 그렇다면 정년 퇴임 이후에 경제적으로 안정된 생활을 하려면 어떻게 하는 것이 좋을까?

첫째, 주택 역모기지론에 의존하는 방법이 있다. 둘째, 아파트를 임대하고 월세를 받아서 생활하는 방법도 있다. 그렇지만 경제적으로 자유로움을 느낄 만큼 충분한 금액의 연금이나 임대료를 받기는 어려울 것이다. 아파트 매매가가 최소 30억 원 이상은 되어야 임대료를 받거나 반전세로 도심 아파트를 임대하고, 본인들은 전원에서 생활할 수 있을 것이다.

만약 아파트 한 채와 일부 보유자금이 있는 분이 경제적 자유를 부동산을 통해서 찾는다면 어떻게 하는 것이 더 좋은 방법일까? 필자는 16년 동안 부동산 중개 현장에서 터득한 것을 바탕으로 대안을 생각해봤다.

그 방법의 하나로 아파트를 처분하고 소형건물을 매수해 미래에 경제적 자유를 누리면서 자산을 증가시키는 방법이 있다. 그런데 아파트를 매도하고 '어떻게 소형건물을 매수해 100억대 자산가가 될 수 있을까?'라고 반문할 수도 있다.

하지만 오늘날 건물을 여러 채 가지고 있는 부자들도 처음부터 건물을 살 만큼 많은 자금을 가지고 시작했던 것이 아니란 사실을 알아야 한다.

'천리 길도 한 걸음부터'라는 속담이 있듯이 일단 아파트로 노후 생활비를 충당하려고 하지 말고, 필자가 제시한 방법을 따라 해보시기를 권하고 싶다.

이 책을 접한 독자분들 중 몇 사람이라도 필자가 중개한 방법으로 다른 사람들보다 시간을 절약하면서 본인이 원하는 소형건물을 가지게 되었으면 좋겠다. 본인이 원하는 물건을 적합한 가격에 협상하면서 매도자와 현명한 협상 방법을 통해 건물을 매수할 수 있을 것이다.

많은 직원을 고용해 매도 물건을 찾고, 매수자와 계약서 작성 때만 참여하는 법인 중개사무소 대표와 달리 중개 현장에서 직접 뛰면서 매도자들과 협상한 공인중개사는 중개 방식에서 분명한 차이를 느낄 것이다. 물건에 대한 정보와 가격에서 말이다.

필자가 중개했던 다양한 매매 사례에서 설명했듯이 소형건물을 매수할 때는 목적이 명확해야 하고, 본인들이 투자할 수 있는 자금과 향후 추가로 조달 가능한 자금을 확인해야 한다. 다음에는 최소한 6개월 정도 본인들이 원하는 지역의 매물을 찾아 부동산 중개사무소를 방문해야 한다. 그러다 본인이 원한 지역에 좋아하는 건물을 소개받았다면, 부동산 거래 사이트에서 반경 100m 이내에 최근 3개월 동안 거래된 물건 중심으로 토지가액과 건물가액을 파악한다. 이후 현장을 방문해 본인이 소개받은 물건의 입지와 건물 상태를 비교하면서 평당 대지가액과 건물의 감가상각을 적용 후 가격이 어느 정도면 적당한 금액인지 판단을 해야 한다.

그다음은 건물의 공적 장부를 보고 현장과 비교한다. 객관적인 건물 가치를 판단할 수 있는 자신만의 기준을 세우고, 가격조정 여부를 중개사무소 소장에게 문의해보자.

즉 필지 위치와 전체면적, 건물 상태, 엘리베이터 유무, 임차업종, 공실 여부를 확인한 후에 큰 하자가 없다고 판단된다면 최대한 빨리 매수 여부를 결정해야 한다. 이때 매도자 우위 시장일 때와 매수자 우위 시장일 때의 매수 적기를 적절하게 이용해야 한다.

이런 방법으로 물건을 찾아서 소형건물을 매수하고 본인들의 아파트를 잔금 시점에 처분하자. 그리고 매수 건물 위층으로 주거를 옮기자. 나머지 층은 임대사업을 하는 방법으로 매수를 하자.

그다음은 수입이 생길 때마다 대출원금을 조금씩 상환하면서 어느 정도 시간을 기다린다. 그러면 주변 건물의 매매 사례에 의해 본인 소유 부동산의 가치가 상승하게 된다. 5년이 지나면 최초로 건물 매입 시 은행에 대출받았던 금액의 비율이 감정가의 75%를 받았더라도 어느 지역에서는 20~30% 이하로 낮아지면서 부동산 가치가 상승하게 될 것이다. 이때부터 자기 자산이 증가하고 있다는 사실을 알 수 있다.

최소 5년 이상 보유해야 매도하더라도 양도세를 납부하고 자기 투자 대비 높은 수익률을 기대할 수 있다. 이렇게 반복해서 두 차례 정도 건물을 바꿔 타거나 처음부터 대지 평수가 넓은 건물을 매수해 10년 정도 임대하면서 생활하면, 자연스럽게 100억 원대의 자산을 형성할 수 있다.

건물을 매수할 때는 가능하면, 환금성 좋은 서울 지역으로 하고, 서울에서도 강남지역에 집중해 건물을 매수해보라고 권한다.

필자를 통해 건물을 샀던 분들은 평생 은인이라고 직접 말해주는 고객도 있고, 점잖게 예전에 좋은 건물을 사줘서 고맙다고 말씀하시며 한 채 더 사고 싶다고 오시는 분도 계신다.

필자의 설명을 듣고 신뢰를 하며 자신들의 전 재산을 투자했기 때문에 그렇게 자산이 증가하게 된 것이라고 말씀드렸다. 이처럼 계약 시점에서는 매도자와 매수자의 상황과 형편을 충분히 이해하고 조율할 수 있는 공인중개사를 만나는 것도 중요하다. 절대 상대방의 감정을 자극하는 말은 하지 않아야 한다. 소탐대실은 금물이다. 계약 시점에서 건물의 가치를 평가하지 말고 5년 후 미래가치를 예상하면서 건물 계약을 해야 한다. 그 방법이 가장 좋은 것 같다. 이 책을 접한 독자분들이 건물주들이 되어 미래에 경제적 여유를 가지고 생활하시기를 기원한다.

한편 투병하면서도 책을 쓸 수 있도록 따뜻한 마음으로 응원해준 아내에게 영원히 사랑한다는 말을 전하면서 평안을 기도한다.

끝으로 '한국책쓰기강사양성협회'의 김태광 대표님과 ㈜두드림미디어의 한성주 대표님을 비롯해 출판사 관계자 여러분께도 감사의 말씀을 드린다.

김한중

1장

**나는 아파트보다
꼬마 빌딩이 좋다**

5년

5년 후 당신은
어떤 부동산을 소유하고 싶은가?

사람마다 외모와 성격이 다르듯이 재테크하는 방법도 다르다는 것을 부동산 중개업을 하면서 알았다. 재테크는 자신에게 맞는 종목과 적정한 투자 시기가 있다.

육상 경기에서 달리기 종목만 보더라도 단거리와 장거리, 계주와 장애물 경기가 있듯이 부동산 투자 역시 여러 가지 종류의 물건이 있다.

지구상에 사는 그 어떤 사람도 자신이 거주할 공간인 주거용 부동산이 필요하지 않은 사람은 없을 것이다. 부동산 관련 회사는 거주 목적으로 주거용 아파트나 빌라 등을 건축하는 회사와 상업용 부동산을 개발해 매각하는 일부 법인들이 있다. 이들은 대형 부동산 분양 회사나 정부 산하 공공사업을 하는 기관이다. 토지를 수용하거나, 저렴한 토지를 구매해서 그 지역의 용도에 맞는 부동산을 건축하고 분양 또는 판매를 목표로 하고 있다.

그렇다면 서민들이 소자본으로 접근하기 좋은 부동산은 과연 어떤 종류의 물건이 좋을까? 우리나라도 산업의 발달과 더불어 국민소득이 높아졌다. 그에 따라 정부의 주거 복지정책도 고객의 니즈에 발맞춰서 고급화되었다. 더 쾌적하고 넓은 공간을 제공하는 형태로 바뀌어 온 것이다.

최근에는 서울과 지방의 부동산 가격 차이는 갈수록 심화되고 있다. 몇 년 전 필자의 중개사무소를 방문했던 K씨는 20여 년 전 강남 가로수 길 주변의 100평짜리 단독주택을 처분하고 울산으로 이사했다고 한다. 그런데 울산의 대기업에서 근무하고 다시 서울로 올라와 자녀 교육과 본인들의 노후를 보내기 위해 중개사무소에 들렀다 까무러칠 만큼 놀랐다고 말씀하셨다.

자녀들이 서울 소재 대학에 진학하게 되어 울산의 50평대 아파트를 처분하고, 서울에 아파트를 장만해볼까 했는데, 평생 모아둔 저축과 울산 아파트 처분 대금으로는 서울에서 30평대 아파트도 살 수가 없다는 사실을 알고 크게 후회하셨다. 본인이 매도하고 내려갔던 단독주택은 건물이 들어선 상태였다. '정말 자산 관리에 실패했구나! 이렇게 무심하게 살았구나!' 하고 탄식했지만, 이미 되돌릴 수 없는 일이 되었다.

지금은 그분처럼 서울에 보유하고 있는 부동산 물건을 처분하고 지방으로 이사할 분은 없을 것이다. 하지만 20년 전만 하더라도 강남의 단독주택 부지 가격이 지방의 50평대 아파트 가격과 별로 차이가 나지 않았던 것 같다.

점점 도시로 인구 집중이 되고 강남이 서울 지가 상승의 발원지가 되면서 상황은 많이 달라졌다. K씨는 "평생 직장 생활하지 않고 서울에서 단독주택을 보유하고 살았더라면 100억 원대 부자가 되었을 텐데"라며 한숨을 내쉬었다.

물론 세상 살아가는 목적이 자산 증가만이 아니겠지만 독자들도 본인이 겪은 일이라고 생각하면 얼마나 후회를 하겠는가!

필자는 "지금이라도 늦지 않았으니 서울에 있는 소형아파트를 사지 말고 소형건물을 매수하는 것이 노후에 더 좋을 것"이라고 상담을 해드렸다. 하지만 아쉬워하는 마음이 너무 커서인지 받아들이질 못하고 울산으로 돌아가셨던 생각이 난다.

이제 당신에게 "어디에 어떤 부동산을 소유하는 것이 진정한 꿈인가?"라고 묻고 싶다. 아파트 한 채로 평생을 마감할 것인가? 아니면 고급 펜트하우스나 전원주택, 주상복합건물이나 소형건물을 소유할 것인가?

일반적으로 서울에서 중개사무소를 방문한 고객들의 자산 증가 방법은 이렇다.

신혼을 아파트 월세나 전세로 시작해서 아파트 전세나 매매로 옮긴다. 청약저축으로 분양권을 받아 위성 도시의 아파트로 가서 거주한다. 서울 지역 재건축아파트를 매수해서 낡고 좁은 공간에서 몇 년 거주한다. 그러다 투자금이 모이면 본인이 소유한 재건축물건을 전세나 월세로 내놓는다. 자신은 환경이 좋은 아파트로 이주하거나, 재건축아파트로 입주를 하면서 자산을 증가시킨다.

재건축아파트로 입주하면 주변 시세와 정부의 부동산 세금 정책에 따라서 아파트 가격이 유동적으로 변하게 된다. 실거주 요건과 최소한의 보유 요건을 갖춘 후부터 부부 중 한 사람은 중개사무소에 자주 들러서 자신들이 보유한 아파트의 환금성과 매매가 등에 대해서 어느 정도 파악하고 부동산에 투자하러 다녀야 한다.

필자가 아는 L여사는 남편이 대기업에 다녔는데, 신혼 때부터 중개사무소를 드나들었다. 아이들이 어렸을 때는 아이를 등에 업고 자주 들러서 소액으로 빌라나 다세대주택을 구매하고 어느 정도 오르면 처분했다.

그다음에는 상가를 사서 월세를 받고 저축을 하는 방식으로 꾸준히 부동산에 관심을 두고 지냈다. 그 덕분에 가정주부로 지내면서도 자녀들의 학비는 걱정하지 않고, 직장생활을 한 친구들보다 더 많은 수입을 벌었다고 했다.

그분은 중개사무소에 들러서 매수 가능한 물건 유무를 묻고,

실거주하지 않을 테니 전세가와 임차인 구하는 것이 어느 정도 기간이면 가능한지를 파악했다. 그런 다음 대지 지분과 건물 상태만 보고 계약했다. 대부분 너무나 빠르게 결정했다. 신중하게 시간이 오래 걸릴 것 같은 외양과는 달리 매수 여부에 관한 결정이 아주 빨라서 웬만한 물건은 다 그분을 통해서 거래할 정도였다.

지금 L여사는 평택에서 넓은 토지에 집을 짓고, 서울 중심부에도 아파트와 상가 등 다수의 부동산을 보유하고 있다. 한의사인 자녀도 본인의 상가에서 한의원을 운영할 수 있게 했다. 그분과 같이 다니는 몇 분 투자자들은 전문 부동산 투자 고수에게 연간 수천만 원에 달하는 수강료를 지불하면서 부동산 투자를 배웠다고 했다. 이렇게 고수에게 비싼 수강료를 내고 배운 분들은 지출한 비용보다 더 많은 자산 증가를 이루었다. 자산 증가에 걸리는 소중한 시간을 절약한 것은 물론이다.

부동산으로 자산이 늘어나서 부자가 된 사람들과 기업들은 너무나 많다. 반면 서울에 거주하는 사람들의 95% 이상은 힘들게 아파트에 거주하면서 자녀를 교육하는 데 많은 비용을 지불하며 산다. 그렇더라도 소유한 아파트에서 거주한다면 노후에는 아파트 가격이 올라 자산을 불릴 수 있다. 하지만 근로소득만으로는 자산을 불리기는 매우 어렵다. 필자는 확신한다. 95% 이상의 고객들은 서울에서 아파트를 장만해서 거주하다 보니 몇십억 원의 자산을 갖게 된 것이지, 순수하게 사업으로 자산을 이룬 경우는 아주 예외적인 경우다.

사업을 하는 대기업들도 초창기에는 사업용 용지가 필요해 은행에서 대출을 받아 건물을 짓는다. 공장을 운영하면서 직원들 월급을 주고 지내다 보면, 회사에 대한 신용도 좋아지고 공장용지에 대한 부동산 가치가 상승하면서 그 부지를 담보로 대출을 더 많이 받을 수 있게 된다.

그래서 그 부지를 담보로 신규로 매수한 부동산과 공동 담보로 해서 또 다른 건물이나 사업용 토지를 사들이게 된다. 이런 방법으로 회사에서 필요 때문에 부동산을 사서 운영하다 보면, 어느새 공장 주변이 개발되면서 공장용지 금액도 동반 상승했다.

결국은 기업을 운영해서 제품 판매로 얻은 이익보다 보유한 부동산의 자산 가치가 상승해서 얻은 차익이 훨씬 커지게 된다.

내 사무소 주변에 건물 5개를 가지고 계신 L대표도 경기도 광주에 있는 공장을 매매하고 나니까 평생 사업해서 번 돈보다 더 많은 돈을 벌었다고 말씀해주셨다.

앞에서 언급한 울산에 거주하는 K씨가 만약 서울 단독주택을 팔지 않고 울산에 가서 전세로 50평대 아파트에 거주했다면 자산 상황은 어떻게 되었을지 충분히 짐작할 수 있다.

그러므로 5년 후 어떤 부동산을 소유하길 원하는가에 대한 정답을 찾아야 한다. 장기적인 관점에서 자신의 연령과 정년퇴직 전까지 남은 기간 및 기타 수입금액 등을 감안해서 5년 단위로 목표를 세워서 자신에게 맞는 부동산을 찾아봐야 한다. 지금 당장 매수하지 않더라도 관심을 가지고 적극적으로 중개사무소로 상담하러 다녀야 한다.

지금 가지고 있는 자산이나 자금이 소액이라고 부끄러워서 중개사무소에 들르지 않는 고객들도 많다. 그러나 처음부터 부모님이나 조상을 잘 만나 건물주의 자손으로 태어난 경우가 아니라면, 자수성가할 좋은 방법은 공인중개사와 친하게 지내는 것이다.

그러기 위해서는 자주 방문하고 인사도 나누며 궁금한 점도 문의해야 한다. 자기가 가지고 있는 금액으로 투자를 시작할 수 있는 물건이 뭐가 있는지도 물어봐야 한다.

그래야 5년 후에 지금과 다른 부동산을 소유할 수 있다. 레버리지를 이용하더라도 더 큰 자산으로 상승할 수 있게 된다. 경기변동과 본인의 선택이 잘 맞으면 부자의 길에 들어설 수 있다.

아파트나 상가를 살까?
건물을 살까?

   자신이 거주할 주택을 아직 보유하지 않은 독자들이라면, 최소한 자신이 거주할 주택을 마련하고 나서 투자하기를 권한다. 전쟁할 때도 자신을 방어할 진지를 구축하고 나서 공격하는 것이 순서다. 부동산 투자도 최소한 거주할 곳을 확보해야 투자하면서 어려움이 생기지 않는다. 그러므로 초기에는 내 집을 마련하는 데 집중하라고 권한다. 그러나 여기서 중요한 것은 어느 지역에 내 집을 마련할 것인지다. 아주 심각하게 고려해야 한다.

   필자도 결혼 초기 서울에서 시작할 수 없어서 경기도 용인에서 신혼을 시작했다. 문제는 지방은 부동산 정보가 서울과 비교하면 터무니없이 부족하고 전문가를 만날 기회가 적다는 점이다. 필자가 결혼한 1990년만 하더라도 서울 집값이 아주 비싸

당신도 5년 안에 100억 부동산 부자가 될 수 있다

지는 않았다. 재건축이 예상되는 주공아파트 가격은 충분히 매수할 만한 자금을 가지고 있었다. 하지만 맞벌이를 하면서 직장 인접 지역에 아파트 청약을 신청했다. 그렇지만 지방 아파트의 경우 10년 이상 보유해도 매매가가 분양가와 크게 차이가 나지 않았다. 나중에 부동산 중개를 하면서 알고 보니, 당시 지방은 아파트 수요가 적고, 또 개발할 수 있는 부지가 너무 많아서 신축아파트가 많아, 기존 아파트 가격이 오르기 힘들었다. 건설시행사에서 언제든지 아파트를 신축해서 많은 차익을 실현하면서 주택을 공급할 수 있었기 때문이다.

비슷한 시기, 노후화된 T아파트를 전세를 끼고 투자한 친구는 재건축아파트로 본인이 순수하게 투자한 금액보다 10년 후 10배 이상 가격이 상승했다. 필자는 10년 후에 겨우 투자금의 2.4배 정도 차익을 남기고 처분했다.

그러므로 주거지를 선택하더라도 가능한 주변에서 택지로 공급할 토지가 적은 지역으로 해야 한다. 그것이 도심지역에 거주하면서 투자도 병행하는 방법이란 사실을 알았다.

서울에서 아파트 한 채 보유한 고객 중 대부분은 신혼 출발을 서울 지역에서 했다. 서울에서 얻을 수 있는 부동산 정보로 투자 기회가 많았다. 이런 고객 중 재건축아파트를 매수해서 노후에는 똘똘한 아파트 한 채를 보유한 분이 상당히 많다.

그중 일부 아파트를 처분하고 대출을 받아 소형건물을 매수하려는 수요가 많다. 아파트 처분 후 양도세를 납부하고 순수하게 자기 자금으로 20~30억 원 정도가 있으면, 웬만한 소형건물을 대출과 임대보증금을 끼고 매수할 수가 있다. 은행 대출금리가 5~6%대로 진입하기 이전까지는 가능했다.

이런 고객들은 본인들이 거주하면서 월 임대수익에서 400만 원 정도 생활비로 충당하고 나머지 대출 이자를 감당할 수 있다면 노후에도 큰 스트레스 없이 여유롭게 지낼 수 있다.

거주도 하면서 임대사업을 하다 보면 주변 매매가가 올라가고 임대료도 매매가를 기준으로 매년 일정 부분 상승하게 된다. 임대료 상승으로 인해 월 임대료도 400만 원에서 더 상승할 것이다. 오히려 5년에서 10년 정도 보유하다 보면 최초 건물을 사들였던 시점에서 대출받은 금액은 감정가 대비 75% 정도로 상당히 높았을 것이다. 하지만 시간이 지나고 매매가가 높아지면 본인들이 보유한 건물의 가치가 상승하게 된다. 그래서 대출금액 비율이 초기에는 감정가의 75%에 해당했던 금액도 10년 후에는 부담이 없을 정도로 낮은 비율의 금액이 된다. 어느 시점이 되면 주변 매매금액의 상승으로 매수할 때 감정가의 75% 정도 되었던 대출금 비율이 20~30% 정도로 낮아질 것이다. 이때부터는 추가 대출이 필요하면 받을 수도 있다. 즉 임대료는 매월 연금처럼 받을 수 있고, 매년 지가 상승분만큼 임대료를 증액해 받을 수도 있다.

또한, 부동산 가격 상승으로 추가 대출을 받을 수 있다는 장

당신도 5년 안에 100억 부동산 부자가 될 수 있다

점도 있는 것이다. 한편 연간 종합소득세 신고 때는 매수할 때 대출받은 금액에 대한 이자는 비용으로 처리되니 걱정할 필요가 없다.

한편 또 다른 고객들은 은퇴 후 건물 관리에 신경 쓰지 않고, 연금처럼 임대료를 받고 싶어서 구분상가를 매수하려고 했다. 구분상가의 경우 지분이 작으므로 시세 차익보다는 연금처럼 임대료를 받기 위해서 구입한다. 그러나 신도시의 경우 상가 분양으로 사업 이익을 최대한 높이려는 시행사들은 필요 이상으로 상가를 많이 공급하려고 한다. 그래서 상가를 분양받은 임대인들은 독점적인 권리를 부여받지 않으면 임차인을 쉽게 찾기도 힘들다. 주변 주택의 입주가 끝나고 상권이 활성화될 때까지 분양 시 받은 대출이자와 상가관리비를 부담해야 한다. 단순히 관리가 쉽다는 점과 소자본으로 접근하기 쉬워서 구분상가를 선호하는 경우가 많은데, 잘못 매수할 경우 애물단지가 될수도 있다.

예를 들어 1,500세대 정도의 아파트라면 생활에 밀접한 필수 근린생활업종 상가를 제외하면, 나머지 상가는 크게 수익성을 기대하기 어렵다. 주상복합상가의 경우 모든 입주자가 입주한다고 해도 최소한의 업종만 들어오기 때문에 상권이 미약하다는 단점도 있다. 만약 공실이 오래 지속되면 관리비에 대한 부담도 고려해야 한다. 무조건 내가 사서 임대만 하면 임대료가 저절로 들어올 것이란 생각은 착각이다. 임차업종에 따라서 부침이 심하거나 임차료 지급을 중요하게 생각하지 않은 임차인을 만나면 '정말 전생에 무슨 인연으로 이런 임차인을 만났을까?'라는 생각을 하기도 한다.

물론 자녀가 여럿이면 신경이 많이 쓰이는 자식이 있다. 임차인도 마찬가지로 임대인과 나름대로 코드가 잘 맞는 사람이 있고, 그렇지 않은 사람도 있다고 생각하면서 임대사업을 한다면 어렵게 여겨지지 않을 수도 있다.

필자가 아는 양재동 W빌딩 사장님은 본인 건물에 임차한 회사의 창립기념일에 꼬박꼬박 축하 케이크를 선물한다. 여름철에는 현관 입구에 건물 임차인들을 배려해서 냉장쇼케이스에 아이스크림을 가득 채워 놓고 도매가격에 무인 판매를 하는 곳도 있다. 또 건물주들 중 자기 건물 임차인들의 사업이 잘되도록 매일 기도를 하시는 분들도 상당히 많다. 모두가 본인과 인연을 맺은 사람들이 잘되기를 바라는 마음을 가지고 있다. 물론 임차인들도 나름의 고충이 있을 것이다. 임대인들은 조물주 위에 있다는 말들을 하기도 한다. 하지만 임대료 지급일을 조물주보다 먼저 생각하는 임차인이 얼마나 되겠는가! 그래서 부동산도 본인의 연령 및 건강과 성향, 관리하기에 적당한 거리에 있는 물건을 매수하는 것이 좋다.

우리나라의 경우 아파트를 임대사업으로 활용하기에는 세금 문제로 복잡하다.

우선 장기 보유 임대사업 용도로 해야 한다. 그리고 임차료 인상금액을 준수해야만 하는 가장 기본적인 요건을 갖춰야 한다. 그것도 정권이 교체될 때마다 약간의 세율과 조건 변동이 있어서 항상 신경을 써서 매도 타이밍을 놓치지 말아야 한다. 이렇게 임대사업자로 신고한 주택의 경우 시세 차익에 대한 세금을 줄이려는 목적이 크다. 하지만 주택에 대한 정부의 공급 정책과 은행 대출 규제로 인해 장기 임대주택으로 양도세 혜택을 받더라도 시세 차익이 크지는 않을 것이다.

주택 시장에 정부가 개입하다 보니 장기적으로 매매가를 예측하기 어렵게 되었다. 최근에는 세무사분들도 세금 정책이 자주 바뀌어서 양도세를 신고할 때 엄청나게 스트레스를 받는다고 한다.

물론 매매가 상승 이전에 아파트를 구입한 분들은 시세 차익이 커서 더 신경을 쓸 것이다. 결론적으로 아파트를 주거용으로 사서 거주하다가 추가 자금을 확보한 후 정년퇴임을 몇 년 앞둔 시점에서 본인들이 매수할 수 있는 금액의 소형건물로 바꿔 투자하기를 권한다. 임대하면서 본인들이 거주도 한다면 아주 좋은 조건이다.

최소한 대출금에 대한 이자를 상환하고, 월 400만 원 이상 임대료에서 가용할 금액이 발생하는 물건은 매수하라. 그리고 5년 이상 거주와 보유를 해라. 향후 어느 시점에는 본인도 모르는 사이에 부자의 대열에 자연스럽게 합류하게 될 것이다. 그때부터는 건물 매수 때 받은 대출금액의 비율이 아주 적은 금액으로 느껴진다. 이때부터 조금 여유로운 생활을 할 수 있다.

아파트에서 실거주할 때는 정부에서 주택 시장을 규제하지 않는 편이 좋다. 그러면 아파트 가격 상승이 물가상승률보다 높을 것이기 때문이다. 아파트 보유 기간에 관리와 그 비용은 많지 않다. 리뉴얼 공사에도 민원 발생의 소지가 적은 것이 장점이다.

그러나 아파트를 임대할 경우 건물이나 상가보다 임대료가 낮고, 양도세 변동에 대한 추이를 살펴보는 것이 필요하다. 재계약 시점마다 중과세 요건을 지켜나가는 것(5% 이내에서 인상하는 조건)도 견디기 힘든 요소다.

아파트 단지 내 상가 구매 시 업종 제한 상가는 독점적 권리로 비교적 안정적으로 임대할 수 있다. 다만 공실이어도 관리비는 부담해야 한다. 또 노후화하면서 임차료가 낮아진다. 만약 재건축하게 되면 너무나 많은 시간이 필요하고 과정도 복잡하다.

건물을 매입할 수 있다면 임대료로 가용자금을 얻어 노후에 대비하고, 지가 상승으로 인한 자산 증가라는 두 마리 토끼를 잡을 수 있을 것이다.

부의 기회는
누구에게나 열려 있다

"지금 매수 시점이 꼭짓점이 아닌가요?"

건물을 매매하러 온 고객의 70% 이상은 이같이 질문한다. 당연히 꼭짓점이라고 볼 수도 있다. 단, 본인의 상황이 매도자냐, 매수자냐에 따라서 엄청난 인식의 차이가 있는 것이다.

본인의 아파트를 처분하고 건물을 매수하는 경우라면, 당연히 지금 아파트 매매가를 최대한 높게 받고 싶을 것이다. 그 아파트 매수자가 꼭짓점이라고 생각한다면 매수하지 않을 것이다. 그렇다면 본인도 사고 싶은 건물을 꼭짓점에서 사고 싶지는 않을 것이다. 당연한 이야기지만 매도자는 꼭짓점에서 팔고 싶을 것이다. 그런데 한 가지 재미있는 사실은 이렇게 따지고 까다롭게 구는 고객이 매매로 이어지는 진성 고객이라는 것이다.

그 건물에 관심이 있으니까 머릿속으로 꼭짓점인지 아닌지 고민을 하는 것이다. 이렇게 자신이 처한 상황에 따라 꼭짓점 여부가 달라진다. 매수 시점으로 보면 꼭짓점도 되고, 매도 시점으로는 꼭짓점이 아닐 수도 있다.

경제학에서 정의한 대로라면 모든 수요자가 이성적이고 합리적이다. 같은 정보의 양을 가지고 있고 비슷한 감정으로 판단할 때는 꼭짓점이라고 판단할 수 있다. 하지만 부동산 시장에서, 그것도 건물 매매에서는 정답이 아니다.

필자가 2006년 중개사무소를 오픈했을 때 2종 일반주거지역으로 건물 있는 대지의 가격이 평당 1,500만 원 정도였다. 3종 일반주거지역으로 건물이 있는 물건의 가격은 평당 2,500만 원 정도였다. 매매 사례를 기준으로 연간 5% 정도 꾸준히 상승했다.

그러다 코로나19 팬데믹 이후 서민들을 위한 지원 대책과 긴급 생활 자금 지원 및 소상공인들에게 손실 보전금을 지원하는 등 각종 예산 조기 집행 등과 맞물려서 통화량이 대폭 증가했다. 많은 서민들과 자영업자들은 더 힘들어졌지만, 그렇지 않은 업체도 나타났다. 마스크를 제조하는 회사들은 오히려 경기가 더 좋았다. 2022년 현재 기준, 서울 강남의 2종 일반주거지역 대지 매매가는 평당 1억 원에서 1억 2,600만 원이었다. 3종 일반주거지역 대지의 경우 평당 1억 4,600만 원으로 거래되었다. 그렇지만 매년 건물가액이 꼭짓점이 아니냐고 문의해온 고객들은 매수 기회를 놓쳤다. 그 엄청난 지가 상승의 이익을 부의 축적 기회로 삼지 못하고 놓치고 만 것이다.

같은 시대를 살아도 어느 직업과 업종에서 일하는가에 따라서 수익 차이가 발생한다. 바로 독점사업을 하는 아이템을 보유한 회사들이다. 부동산은 재화지만 건축을 하는 순간, 그 건물 자체만 보면 독점적인 상품이다. 입지와 주변 환경이나 도로 여건 건물 내외부 상태 등이 독점적이다. 그래서 건물의 가격은 일반 아파트나 빌라처럼 획일적인 면이 강하지 않고, 각기 다른 금액의 감정평가를 받는 것이다.

즉, 꼭짓점인지의 여부는 심리적인 부분이 크게 작용한다. 대출이자가 꼭짓점이냐, 아니냐는 금리를 알아보면 판단할 수 있다. 우리나라 금리는 미국 중앙은행인 연방준비제도이사회의 금리 변동을 외면할 수는 없기 때문에 어느 정도 보조를 맞춰야 한다.

경기변동도 일정한 사이클이 있다. 정부의 부동산 정책도 어느 정도 예측이 가능하게 되어 있다. 관련 세금 정책도 새로운 정부가 바뀌면 항상 변동이 생겼다. 이 점을 간과하지 말고 관심 있게 정부의 정책을 예측하면서 대응해야 한다. 너무 성급하게 대처하지 말고 느긋한 마음으로 하는 것이 부동산 자산 형성에 도움이 될 것이다.

같은 물건을 소개했는데도 어떤 고객은 단점을 더 많이 보고, 다른 고객은 장점을 더 많이 찾아낸다. 사람의 얼굴도 좌우가 다르게 생긴 것처럼 건물의 모습도 시간과 날씨와 밤낮에 따라 다른 느낌을 받을 수 있다.

소개받은 물건에 대한 매수 여부 결정은 본인들의 몫이다. 아무리 좋은 급매물을 보여드려도 본인들이 준비되어 있지 않으면 기회를 놓치는 것이다. 매매가 40억 원의 건물을 매수하러 오셔서 5,000만 원을 조정하려고 매도인의 물건에 대해서 이런저런 단점을 지적하는 고객이 있었다.

한번은 필자가 40억 원에 나온 물건의 가격을 38억 5,000만 원으로 조정해놓고 계약서를 작성하기로 했다. 잠시 계약서를 작성하는 동안 매수인이 매도인에게 건물 수리할 부분을 이곳저곳 지적을 하면서 5,000만 원 정도 더 조정해주면 좋겠다고 했다. 필자는 가격 조정에 대해서 계약서를 쓰기 전까지 "협의를 다 한 것이니까 더 매매가를 가지고 말하면 안 된다"라고 당부하고 약속까지 했다. 그런데 매수인이 약속을 지키지 않고 자기 욕심을 주장한 것이다. 매도인은 저런 사람에게 자신의 물건을 팔고 싶지 않다고 하면서 중개사무소 밖으로 나가셨다. 필자가 설득해봤지만 이미 매도인의 감정이 상처를 많이 입은 듯 보였다.

결국, 매도인에게 사과하고 다른 손님이 있으면 연락드리겠다고 인사했다. 중개사무소에서 이런 상황을 파악한 매수자는 미안한 기색도 보이지 않고, 그저 5,000만 원만 더 조정해달라고 했는데 나가버리는 사람이 어디 있느냐면서 투덜거렸다. 필자는 '이 고객은 건물을 살 수 있는 분이 아니구나!'라는 생각을 했다.

몇 년 전에도 건물을 소개했을 때 세계 경제 동향과 중국 경기 예측을 하면서 이런저런 핑계로 매수하지 않은 고객이 있었는데, 이번 고객도 또 매도자의 감정선을 넘어가고 말았다. 당연히 공인중개사인 필자와 매수자, 매도자 모두가 힘든 하루를 보냈다.

빌라 몇 채를 급처분해서 계약금을 지급하고 건물을 매수하신 P고객도 있다. 사업을 하는 고객이었는데 판교 지역으로 사옥용 건물을 매수하려고 마음을 정한 상태에서 마지막으로 필자 중개사무소에 들러서 설명을 듣고 최대한 빠르게 계약했다.

주 고객층이 도곡동 주상복합에 계신 고객들인데, 판교에 사옥을 마련하면 일부러 그곳까지 찾아가야 하는 번거로움이 있다. 그러니 자녀들이나 손주들과 산책하러 나왔다 자연스럽게 들려서 예술 작품을 살 수 있는 이곳이 최적의 입지라고 말씀드렸다.

그다음 주에 약속을 잡아서 계약하고 보유한 주택은 최대한 급매물로 정리했다. 지금은 필자의 중개사무소 주변 건물을 매입하셔서 예술 작품 전시관을 만드셨는데 행인들의 관심을 꾸준히 받고 있다.

부동산의 경우 자신의 사업과 관련된 지역에서 사면 자산 증가와 함께 사업도 번창할 수 있다. 대지 평당 4,000만 원에 구입했는데, 지금은 평당 1억 1,000만 원 정도에 거래하는 물건이 되었다.

2015년 어느 토요일 오후에 전화 한 통이 걸려왔다. 연세가 지긋한 사모님께서 필자의 중개사무소 주변 건물을 보러 오셨다고 했다.

필자가 가지고 있던 물건을 소개하면 적당할 것 같아서 월요일에 오시면 설명해드리기로 약속했다. 전화로 상담하고 나서 시간이 지나면 약속을 잊어버리고 오지 않는 경우가 많다. 그런데 그다음 주 월요일에 그 N사모님이 오셨다.

주상복합용지를 가지고 계시는데 직접 개발하는 것이 좋을지, 매매하고 건물을 사는 것이 좋을지를 여쭤보셨다. 필자는 개인이나 법인들이 시행을 잘못하다 전 재산을 날리는 경우를 자주 봐왔다. 시행하면 계산상으로는 대박이 날 것 같지만, 준공 후 분양까지 완전히 사업을 종료하고 결산하면 은행 대출이자 및 분양 지연으로 인한 손실금액이 눈덩이처럼 커지기 때문이다. 그런 사례를 설명해드렸다. 연세도 있으니 보유하고 계신 사업 용지를 매도하고 안전하게 건물을 매수하는 것이 현명한 방법이라고 말씀드렸다. 며칠 후에 자제분들과 함께 중개사무소에 들렀다. 자제분들의 질문에 상세하게 설명해드렸다. 그리고 카페가 있는 인근 건물을 안내해드렸다.

보여드린 건물을 아주 마음에 들어 하셨는데, 아쉽게도 문제가 발생했다. N사모님께서 필자에게 전화하기 전에 잠깐 들렀던 중개사무소가 있었다. 그곳 대표는 필자가 사모님을 안내한 것을 봤는지 건물주가 임원회의를 하는 중 중개사무소 대표가 방문을 해서 "왜 자기 중개사무소에는 물건을 주지 않았느냐?"라고 하면서 매도자의 심기를 불편하게 했다. 건물주가 매매를 취소하라고 했다는 말을 담당자로부터 전해 들었다. 이렇게 중개를 하다 보면 전혀 예상하지 않은 일이 발생해서 정신적으로 엄청나게 스트레스를 받게 된다.

그 후 N사모님이 원하는 물건을 찾아드리려고 동분서주했지만, N사모님께서 필자의 중개사무소 블록의 물건을 사고 싶어 하셨다. 그래서 처음 매수하려던 건물의 절반 정도 되는 규모의 건물을 보여드렸다. 일단 작은 건물이라도 매수하고 계시다가 더 좋은 물건이 나오면 바꿔 타면 된다고 말씀드렸다. 가족들도 모두 동의했다. 그래서 2015년 소형건물을 매수해드렸다.

2년 뒤 대지 130평이 나와서 그 물건을 73억 5,000만 원에 계약하고, 잔금일에 맞춰서 소형건물을 매매해서 정리해드렸다. 물론 2015년 매수했던 건물에서도 임차료와 매매 차익으로 최소 몇억 원 정도 차익이 발생했다. 2017년 중개해드린 물건의 현재 매매예상가는 대지 평당 1억 500만 원 정도가 가능하다. 벌써 매수 시점보다 차익이 69억 원 정도 발생했다. 아파트로 가지고 계셨더라면 다주택자에 해당하지만, 근생건물이라 주택 수에 포함되지 않아서 절세 효과도 있었다.

하지만 스트레스 요소도 있었다. 이분이 건물을 사는 데 충당하느라 개포동 재건축아파트 2채를 매각했는데, 2022년 재건축 후의 시세 차익 때문에 정신적으로 많은 스트레스를 받았다. 하지만 지금은 아파트 2채의 시세 차익보다 건물의 지가가 더 많이 올랐다. 거기에다 매월 임차료가 2,500만 원 정도 나오는 구조로 되어 있어 연간 3억 원 정도 수익을 예상하고 있다.

이런 성공 투자 사례를 설명해드려도 부동산 가격이 꼭짓점이라고 말하는 고객이 항상 존재한다. 부의 기회는 투자한 사람에게만 찾아온다는 사실을 잊지 말아야 한다.

부자가 되려면
핵심지역의 건물을 사라

독자분들은 전국에서 토지 보상금을 받으면 가장 먼저 어느 지역으로 자금이 이동할지, 한 번쯤 생각해봤는가? 필자가 알고 있는 분 중 제일 큰 금액을 가지신 분의 자산은 부부 합산해서 4,300억 원 정도였다. 그 돈으로 테헤란로의 건물을 사달라고 하셨다. 이처럼 큰 자금도 먼저 강남지역으로 물건을 수배하다 없으면 다른 지역으로 이동한다. 부동산 가격은 경기와 은행 대출금리가 중요한 요인이다. 하지만 기본적으로는 수요와 공급 때문에 가격이 결정되고 있다.

그만큼 잠재적 매수 수요가 많은 곳에 물건을 소유하고 있는 것이 자산 가치 상승의 1순위가 된다. 아파트뿐만이 아니다. 일반 근린생활 건물을 매수할 때도 법인의 규모와 성장 가능성 등을 염두에 두고 매수해야 한다.

강남구의 경우 법인 매출액이 몇천억 원이 되지 않으면 세무조사 대상이 아니지만, 다른 구청의 경우 1,000억 원 미만이라도 세무조사 대상이다. 법인 대표들은 당연히 사옥을 강남구에 마련하고 싶어 한다. 사옥을 핵심지역에 마련할 경우 또 다른 장점은 갑자기 자금 유동성에 문제가 생기면 보유하고 있던 건물의 감정 금액이 매년 5% 이상 상승했으므로 재감정을 통해 추가 대출을 받아서 위기를 극복할 수도 있다.

그다음으로 중요한 것이 대지 면적이다. 자산 증가는 대지 평당가액과 비례하므로 가능한 대지가 넓은 물건을 매수해야 한다. S회사는 2016년 양재동 대지 253평 건물을 매수했다. 당시 엘리베이터가 없는 3층 건물이었다. 매수자에게 이 건물을 소개해드렸더니 증축과 엘리베이터 설치가 가능한지를 문의하셨다.

잘 아는 A건축사와 동행해서 중개사무소에서 설명을 해드렸다. 그리고 구조안전진단사무소에서 건물 도면과 증축에 필요한 비파괴 검사 등을 거쳤다. 종합건설회사에 증축을 의뢰하고 엘리베이터도 설치했다. 물론 건물을 매수 목적에 알맞게 리모델링하면서 연면적을 다 찾아 새로운 건물로 거듭났다. 옥상에는 단정하게 정원도 조성했다. 사옥으로 사용하면서 기존에 지출한 임대료를 절약하고 있다.

현재의 가치는 대지 평당 1억 1,500만 원 정도다. 건축 리모델링 비용으로 13억 원 정도 충당했더라도 단순히 지가 상승(평당

당신도 5년 안에 100억 부동산 부자가 될 수 있다

7,500만 원×253평-13억 원) 비용만을 계산해도 176억 원 정도다. 불과 몇 년 만에 자산이 크게 증가한 경우다.

연면적과 건물의 입지도 중요하다. 연면적은 임대료와 직결되고, 입지는 임대료와 환금성에 중요한 부분이다. 초보 건물 매수자가 실수하기 쉬운 것이 바로 건물의 공실에 대한 부분이다. 실제로 건물의 공실이 많으면 매매가에서 조정의 가능성을 어느 정도 갖고 있다고 보는 것이 좋다.

최근에는 통화량이 증가하고 물가가 올라가는 스태그플레이션 현상이 나타나고 있다. 그래서 스스로 많은 정보를 가지고 있다고 생각한 일부 고객들은 코로나19 팬데믹 전의 금액으로 건물 매매가가 곤두박질칠 것으로 예상한다. 그래서 자신의 부동산을 빨리 처분하고, 내년쯤 더 좋은 기회를 잡으려는 생각을 하고 있다. 하지만 지가 상승이 본격적으로 시작되기 전에 건물을 매수한 분들은 그 당시 감정가의 75% 정도 금액을 대출 한도로 받았다.

당시 대출금액은 임대료를 받아서 충분히 대출금에 대한 이자를 상환하고, 어느 정도 여유 있을 정도로 은행에서 RTI(Rent To Interest, '임대업이자상환비율'로 담보가치 외에 임대수익으로 어느 정도까지 이자상환이 가능한지 산정하는 지표)를 적용해 대출해주었다.

필자의 개인적인 생각으로는 그때 건물을 매수한 분들의 물건은 경기가 후퇴하고 금리가 일시적으로 올라간다고 하더라도 급매물로 시장에 나올 수 있는 물건은 극히 제한적일 것으로 판단한다.

2019년 말, 필자의 중개사무소 부근에 JY빌딩을 매매했다. 밤 늦게 매도인 어렵게 설득해서 3종 일반주거지역 60평 올근생건물을 가격 조정해서 47억 5,000만 원에 계약서를 작성했다. 매수인은 본인과 자녀 두 명에게 지분으로 증여할 계획이었다. 증여세 부분도 회계사사무소를 통해 충분히 설명해드렸다. 그런데 잔금일이 얼마 남지 않은 어느 날, 갑자기 매매 계약을 해제해달라고 찾아오셨다. 브리핑 자료와 현재 임차료가 맞지 않는다면서 억지를 부렸다.

주변에 아는 분들이 2020년 부동산 가격이 내려간다고 한 이야기를 듣고 오신 것 같았다. 그러나 본인은 임대료 설명한 게 조금 차이가 난다면서 강하게 해제해달라고 주장했다.

하는 수 없이 매도인을 만나서 상황을 설명하고 깨끗하게 받은 계약금을 돌려 드렸다. 당시에 매도인은 주식에 투자한 계약금을 1억 원 이상 손해를 보고 급처분해서 반환했다.

물론 계약금을 반환하기 전 서초구 매수자의 집에 가서 초인종도 눌러 보고 문자도 보냈다. 만나서 자초지종을 듣고 싶었기 때문이었다. 매도인과 필자는 몇 시간을 기다렸다. 그런데 분명히 매수인의 차가 주차되어 있고 집에 계시면서 전화도 받지 않았다. 더 이상 대화로 진행할 수 없는 분이라 생각하고 정리를 했다.

당신도 5년 안에 100억 부동산 부자가 될 수 있다

이 건물은 2021년 겨울에 66억 원에 매매되었다. 20개월 뒤에 무려 19억 원 정도 높은 가격에 매매한 것은 아무도 예측하지 못한 것이다.

2020년 부동산 가격이 하락할 것이라는 대다수의 부동산 전문가들의 예측은 완전히 빗나갔다. 계약을 해지했던 매수인은 주위의 정보를 듣고 순리대로 살지 않았다. 어쩌면 본인에게 굴러온 복을 걷어찬 셈이다.

그래서 부동산을 사려면 핵심지역에 사라는 말을 한 것이다. 핵심지역은 그만큼 수요가 많고, 수요는 곧 가격 결정에 중요한 요소다.

매도인들은 매매 호가를 불러놓고 그 금액에 살 수 있는 사람만 모시고 오라고 할 정도였다. 수익률이나 건물 상태를 가지고 가격을 협상하려는 고객은 사절한다고 할 정도로 매도인들이 시장에서 군림했다.

그런데 은행 대출금리가 올라가면서 2022년 7월부터 매수 수요가 급감하고 있다. 특히 소형건물의 경우 아파트 거래가 활성화되어야 매수 수요가 늘어나는데, 지금은 아파트 거래가 많이 감소하다 보니 어쩔 수 없이 급감했다. 하지만 필자가 16년 동안 현업에 종사하면서 보고 알게 되었다. 강남지역의 경우 일정 기간 보합이나 조정 기간을 거치면서 다시 매매가가 상승하기를 반복한다는 것을 말이다.

얼마 전 다녀가신 Y고객도 2015년 공동중개로 소형건물을 매도해드린 적이 있다. 그때 가정 상황이 어려워서 보유하고 있던 건물을 매매했다. 그리고 그 당시 중개 내용을 잊고 지냈는데, 그동안 몇 번 필자의 중개사무소에 오셨는데 만나지 못했다고 말씀하셨다.

그 건물을 매매하고 세무 정리하면서 세무사에게 건물을 다시 사야 할지 문의해보니 이런저런 설명을 하면서 사지 말라고 권유했다는 것이다. 그런데 Y고객은 세무사의 이야기를 듣고도 자기 나름대로 건물을 보는 안목이 있어 조금 큰 건물을 매수했다. 바로 그 건물을 평당 1억 2,000만 원에 처분해달라고 오셨다. 매수 당시 평당 3,000만 원 정도 했던 물건이었다.

그러면서 만약 본인이 그 세무사 이야기를 들었다면 어떻게 되었겠느냐고 물었다. 현장에서 뛰지 않고 통계 자료나 은행 대출 관련 업무를 하는 분들의 이야기는 들을 필요가 없다는 것을 필자는 수없이 강조한다. 자산 증가도, 손실도 모두 결정권자가 책임져야 하기 때문에 스트레스를 받는다. 하지만 '호랑이를 잡으려면 호랑이 굴에 들어가야 한다'라는 속담처럼 부동산 자산 증가를 원한다면 부동산의 실상을 잘 알고 있는 사람에게 조언을 구해야 한다.

명심하자. 책임은 본인의 몫이다. 하지만 자산 증가도 본인이 결정하면 힘들었던 과거에 대한 보상으로 되돌아온다. 현업에 종사하지 않은 주변 지인들이나 비전문가들의 조언은 참고만 하라.

당신도 5년 안에 100억 부동산 부자가 될 수 있다

부자가 되려면
발품을 팔아라

  몇 년 전, 필자의 중개사무소 주변에서 사업을 하고 계신 K여사가 수줍어하면서 방문하셨다. 2012년 건물을 매매할 때 임차인으로 명도해주면서 만난 적이 있다. 그동안 남편이랑 20년 이상 열심히 사업을 했는데 강남에 자기 소유의 주택을 마련하지 못했다고 하셨다.

  자녀들을 교육하면서 순수하게 사업 소득만으로 강남에서 주택을 마련하는 것이 쉽지 않다는 것을 필자는 누구보다 잘 알고 있다. 매년 주택 가격이 오르고, 건물 가격이 상승하는데, 사업 소득을 모아서 주택을 마련하려면 매년 지가 상승을 따라갈 수가 없다.

  2007년 미국발 서브프라임 모기지 사태의 여파로 국내 부동산 시장도 2013년까지 가격 상승이 멈추거나 일시적으로 하락

했다. 2014년부터 다시 부동산 시장이 활기를 되찾았다. 그런데 K여사는 본인이 가지고 있는 자금이 너무 적어서 창피하다고 중개사무소 방문을 꺼렸다. 어차피 방문해봐야 살 수 있는 물건도 없을 것이라고 확신했다고 한다. 다들 K여사와 같은 생각을 하고 있다면 중개사무소에는 아마 아무도 방문하지 않을 것이다. '아무리 소액이라도 금액에 맞는 부동산은 항상 있었는데'라는 생각을 하면서 안타까운 마음이 들었다.

K여사는 부동산을 구입하면서 레버리지를 이용하지 않으려고 했다. 그렇게 어느 세월에 자기 자금만 모아 서울에 주거지를 살 것인지 답답해서 이렇게 설명을 해드렸다.

"아시다시피 서울 강남 아파트 가격은 30평대 기준으로 20~30억 원 정도 합니다. 사장님과 사모님이 1년간 순수익 2억 원을 저축할 수 있다면, 최소한 10년은 걸려야 20억 원을 모을 수 있습니다. 그런데 매년 아파트 가격은 상승하고 있어요. 그러니까 갈수록 집을 사기 어려운 것입니다."

실제로 필자의 중개사무소 주변에 P빌라 임차인은 본인이 2003년 전세보증금 2억 원을 주고 23평 단독빌라를 임차했다. 그런데 7년을 거주하고 나서 이사를 하려고 보니 그 돈으로는 15평 정도 되는 전세로 좁혀서 갈 수밖에 없는 금액이 되었다

당신도 5년 안에 100억 부동산 부자가 될 수 있다

면서 아주 놀란 표정을 지었다. 7년 전 P빌라는 분양가가 2억 5,000만 원이라 5,000만 원만 대출받았으면 살 수 있었다. 그런데 '이런 작은 빌라는 오르지 않을 것 같으니, 전세로 살면서 돈을 모아 아파트 청약을 해야지'라고 생각했던 것이 화근이 되었다. 7년 후 P빌라는 5억 3,000만 원 정도에 거래되었다.

만약 본인이 그 빌라에 전세 세입자로 들어가지 말고 매수해서 살았더라면 어땠을까? 5,000만 원에 대한 이자보다 매매차익 2억 8,000만 원이 훨씬 큰돈인데 실수를 한 것이다.

그러므로 아파트 청약만 기다리지 말고 내 자금에 맞춰서 주택을 매수해서 살기를 추천한다. 가격 상승 시 내 자산이 시세차익만큼 증가하기 때문이다. 이런 분들은 우선 대출금액에 대한 이자 부담이 싫은 것도 있고, 본인들의 상식으로 판단하고 아파트 청약 통장을 한번 써서 큰 차익을 벌고 싶은 욕구가 있다. 그러나 자수성가한 부자들도 처음에는 소자본으로 출발하고, 대출도 받았다. 소액 물건부터 고액 물건까지 사다리 밟듯이 한 단계씩 높여간 것이다. 이런 생각을 하지 않는 고객들은 은행 대출받는 것을 너무너무 싫어한다. 자산을 증가시키려면 최소한의 스트레스는 감수해야 한다.

부자들은 은행 돈을 자기 돈처럼 생각하면서 대출을 받아 부동산에 투자한다. 반면 가난한 서민들은 은행에 열심히 저축한다. 물론 투자를 하려면 처음에는 종잣돈을 마련해야 한다. 부자들도 처음에는 적은 자본으로 이곳저곳 중개사무소를 방문하면서 무시도 당했을 테고, 마음에 상처받은 일도 있었을 것이다. 그래서 모든 것을 과정이라고 생각하면 더 이상 부끄러울 것도 없다. 무시하는 중개사무소가 있다면 그곳은 안 가면 된다. 자신을 위해 조언을 해주는 중개사무소와 친하게 지내다 보면 좋은 기회가 온다는 것을 알아야 한다. 중개사무소에 자주 드나들며 친하게 지내면 재테크에 대한 상담도 받고 정보도 얻을 수 있다.

한편 필자가 왜 발품을 팔아야 부자가 된다고 말하는지는 다음과 같은 이유가 있다. 중개사무소에서는 공동중개를 하지 않아도 본인 중개사무소에서 충분히 매매할 수 있다고 판단한 급매 물건은 가지고 있다. 이런 물건은 인터넷 사이트에 공유하지 않고, 조용히 방문한 고객들에게 거래한다. 만약 고객의 입장에서 하루에 열 군데 중개사무소를 다니면서 정보를 받은 것과 세 군데만 방문한 것과는 정보의 양에서 큰 차이가 날 것이다.

또 같은 물건도 중개사무소마다 매매가의 차이가 있을 수도 있다. 그렇기 때문에 방문하다가 관심이 있는 물건을 만나면 바로 계약을 할 수 있을 정도의 금액은 준비해놓고 다녀야 한다. 급하게 처분할 상황이 있는 물건은 여러 군데 중개사무소에 매물을 내놓기 때문이다. 경매나 공매 물건에 입찰하기 위해서 중개사무소에 시세를 알아보기 위해서 방문했다면, 사실대로 말하고 도움을 요청하는 것이 좋다. 도움을 받아야 하므로 음료수라도 한 병 사서 방문하는 예의가 필요하다. 필자의 중개사무소

당신도 5년 안에 100억 부동산 부자가 될 수 있다

에도 초창기에 경·공매 입찰을 하려고 방문한 고객들은 속마음을 들킬까 안절부절하는 모습을 보이는 경우가 많았다. 필자는 그 물건에 대해서 거래하지 않을 테니 염려 말고 사실대로 말하는 편이 도움이 된다고 말해주었다. 매도 금액과 매수 금액을 다 물어보는 고객은 거의 다 경·공매 입찰을 목적으로 '시세 파악하러 온 고객'이라고 판단하면 된다.

필자는 젊은 부부가 방문할 경우 두 분 중 한 분 정도는 관심 있는 지역에 반경 300m 이내로 좁혀서 상권도 분석할 겸 한 달에 한 번 정도 중개사무소를 방문해서 인사를 나누고 궁금한 것을 문의하라고 권유한다. 가지고 있는 자산을 이야기하고 사고 싶은 물건이 무엇인지 구체적으로 이야기를 하면서 지내라고 말한다. 그러면 맞벌이하는 다른 동료들보다 훨씬 빨리 자산이 증가한다고 말해준다.

건물을 사는 경우는 최소한 본인이 원하는 지역 중개사무소에 다니면서 최소한 30개 정도의 물건을 안내받아라. 그리고 본인 자금으로 매수할 만한 물건부터 10억 원에서 20억 원 정도 비싼 금액의 물건도 살펴봐야 한다. 그렇게 하면 해당 지역의 임대료와 대지 평당 매매가를 판단하는 기준이 생긴다. 그다음에는 어떤 물건을 안내받더라도 본인이 매매가가 호가인지 아닌지, 급매물인지 알 수 있다. 부동산 전문용어로 말하면 복성식 평가법(토지가액 총액과 건물 잔존가액의 합)과 수익률로 평가하는 방법

(연간 임대수입 총금액/임대보증금 차감한 순 투자금액×100)으로 계산해보면 간단하게 알 수 있다. 건물을 매수하려는 고객들 대부분은 투자금액 대비 임대료를 가지고 수익률을 따졌는데, 코로나19 팬데믹이 지속되고, 통화량이 급증하면서 시장이 변하기 시작했다.

2017년부터 강남지역은 3% 중반대 임대수익률이 나오는 물건은 나오기만 하면 거래가 되었다. 그러다 코로나19 팬데믹 이후 은행에서 1%대 저금리 시대가 되자 시중에 통화량이 급격하게 늘어났다. 그래서 갑자기 매도자 우위 시장으로 변하면서 수익률이 낮은 2%대 물건도 거의 소진되었다. 한마디로 은행 금리가 낮아지자 고객들도 건물을 매수하면서 기대 수익률이 낮아지게 된 것이다. 그래서 2022년 상반기에 은행 대출금리가 올라가기 전까지 매매할 만한 물건들은 거의 다 거래되었다.

물건을 수배하러 다닐 때 공동중개하는 물건보다는 중개사무소 소장에게 직접 물건을 소개받는 것이 장점이 많다.

필자의 경우 개업 초기에는 공동중개를 하지 않으면 어려우니까 공동중개를 하기도 했다. 그러나 고객들은 중개사무소에 방문해서 자신들이 사려고 하는 금액대로 최근에 거래한 물건이 어느 것인지 문의해보면 그 중개사무소의 능력을 판단할 수 있다.

거래가 많은 중개사무소에는 주변에서 자연스럽게 소문이 나서 물건이 많은 편이다. 그리고 매도인의 매매 사유와 임대료 현황과 임차업종 등에 대해서 자세히 물어보면 직접 물건이 아닌 경우 당황하거나 나중에 알아봐주겠다고 한다.

이런 공동중개 물건이면 매매 진행 중 계약이 어렵게 되는 경우가 많다. 왜냐하면 공동중개하기로 한 중개사무소끼리 서로 자기 고객에게 유리하게 하려고 하기 때문이다.

그러니까 궁금한 것을 모두 문의하고 충분히 대답을 해주는 중개사무소라면 믿을 만하다. 믿고 그곳에서 매수하는 것이 안전한 방법이다. 계약 체결까지 편안하게 진행될 수 있을 것이다.

여러 중개사무소를 다니다 보면 가끔 매수하려 했던 건물보다 조건이나 수익률이 좋은 물건을 만날 수도 있다. 조금만 리모델링을 하면 가치가 올라갈 수 있는 물건도 있다. 그런 물건은 대부분 연세 드신 분들이 마지막 재산을 정리해 일부는 자신들이 쓰고, 일부는 자녀들에게 증여할 계획으로 매도하는 사례다. 이 때는 리모델링해서 매매할 생각을 전혀 하지 않고 정리한다.

대부분 처음 건물을 사려고 할 때는 50억 원 전후가 제일 많다. 그다음은 100억 원대 전후 고객이 많다. 300억 원 이상 되는 건물은 특정 지역을 제외하면 수요가 적다. 그러므로 가능하다면 100억 원대 이하의 건물을 두 건 매수하는 것이 300억 원대 건물 하나를 매수하는 것보다 시세 차익이나 환금성 면에서는 좋을 것이다. 다만 규모가 작기 때문에 관리소장을 채용하기에는 비용적인 면에서 조금 신경이 쓰인다. 고가의 건물은 수요가 많지 않다는 것을 알고 투자해야 한다.

　300억 원 이상의 물건을 매수하는 고객은 주로 법인들이다. 일반 고객들은 어느 정도 자기 자금 여력이 충분해야 가능한 일이다. 그래서 그런 건물은 환금성과 시세 차익 실현 비율이 소형건물보다 낮아질 수 있다.

　중개사무소는 발품 파는 것만큼 자신에게 플러스 요인이 된다. 중개사무소는 저마다 업무 진행 방법이 다르다. 앞으로 어떤 중개사무소와 거래하고 싶은지를 알고, 본인과 맞는 곳을 선택해놓자. 이미 이것만으로도 반은 성공한 것이다.

금리 변동이 심할수록 수익성 높은 부동산이 좋다

일반 서민들의 로망은 은퇴 후 경제적으로 여유로운 생활을 하는 것이다. 그렇지만 우리나라의 산업구조와 사회 전반적인 시스템에서는 쉽지 않다. 다들 열심히 공부해서 일류 대학교를 졸업하고 대기업에 입사하거나, 공무원이 되어서 남들보다 경제적으로 조금 더 안정된 삶을 살기를 원한다. 하지만 큰 부자가 되는 방법을 알려주는 교육은 준비가 되어 있지 않고, 학교에서 가르쳐 주지도 않는다.

더구나 부자에 대해서는 부정적인 이미지를 가지고 자라는 경우가 많았다. 사회적으로 부자를 존경하기보다는 부정적인 시각으로 보기도 했다.

대기업 총수들과 정치인들과의 부정적인 결탁이 매스컴에 자주 등장한 것도 이런 이미지가 만들어지는 예 중 하나다. 매년 대학을 졸업하는 인원 수에 비해 안정적인 일자리가 터무니없이 부족해서 본의 아니게 백수 신세가 된 젊은이들이 너무 많다.

일자리는 한정되어 있고 매년 입사하려는 사람들은 많다. 하지만 갈수록 젊은이들이 할 수 있는 업무는 감소하고 있고, 그나마 있는 육체적인 일도 하지 않으려고 한다.

설령 힘들게 대기업에 취업했다고 해도 평생 안정된 생활이 보장되지는 않는다. 철 밥통이 아니라는 뜻이다. 이런 직장인들이 얼마나 스트레스가 심했으면 '사오정(45세 정년퇴직)'이라는 말이 생겨났을지 짐작해볼 수 있다.

직장은 극소수 인원만 임원이 되는 구조다. 따라서 우리는 직장을 찾을 것이 아니라 직업을 찾아야 한다. 평생 내가 하고 싶을 때까지 할 수 있는 직업을 찾는 것이 좋다. 최근 일반 직장인들의 경우 대부분 자녀가 대학 재학 중이거나 졸업해 직장을 구하기 전에 명퇴를 맞이하는 경우가 많다.

필자 주변에는 공무원이나 교장 선생님처럼 안정된 직장에서 퇴임하고 나서 다시 건물 관리소장으로 취업한 분들도 계신다. 배낭 메고 해외여행을 2년 정도 하고 나서 집 안에서 할 일 없이 매일 '삼식이' 노릇만 하자니 부인들의 눈치가 보였던 것이다. 그분들은 한결같이 "노후에 월 100~200만 원은 적은 돈이 아니다"라고 이야기하신다. 당연히 더 이상 자신들이 자녀들을 도와주지 않아도 되는 분들의 말이다.

당신도 5년 안에 100억 부동산 부자가 될 수 있다

그렇지만 이런 일자리도 한정되어 있다. 그래서 필자가 생각하기에는 젊어서 자녀들에게 올인하지 말고, 국민연금만으로는 노후에 생활하기 어려우니 스스로 최소한의 안정된 수입이 들어오는 방법을 연구해놓아야 한다고 말해주고 싶다.

2017년경 N은행 지점장으로 명예퇴직한 분에게 필자가 본인의 자금에 맞는 다세대주택을 매수해드렸다. 월 임대료가 100만 원 정도지만, 연금 수령 시까지 몇 년간 생활해야 하는 상황이라 나름대로 요긴하게 쓰고 계신다.

이렇게 직장생활하고 정년을 맞는 경우는 예외라고 생각할 수도 있다. 하지만 만약 본인 자산이 어느 정도 되면 직장 근무하는 동안에 소형건물을 반드시 매수한다는 전략을 세우고, 주변 중개사무소를 돌아다니면서 적극적으로 찾아 매수하라고 권하고 싶다.

아무도 명예퇴직, 정년퇴직 후에 경제적인 위기에 봉착했을 때, 나의 노후생활을 책임져주지 않는다는 사실을 알아야 한다. 도시에서 아파트 한 채만 가지고 역모기지론에 의지해 생활하지 말자. 스스로 자신의 건물을 관리하며 임차인들과 유대 관계도 나누고, 은퇴 후에도 최소한 경제적 자립을 할 수 있도록 준비해야 한다.

만약 필자의 말을 듣고 독자분께서 상가와 주택이 있는 소형

건물을 매수하게 되면, 본인들의 주거가 해결된다. 자녀들이 출가했다면 부부만 거주해도 되기 때문에 주거 면적이 넓지 않아도 불편함은 없을 것이다. 그리고 본인들이 경제 활동을 하는 기간에 대출받은 금액을 일부 상환해놓아야 한다. 그렇게 해 놓으면 금리가 인상된다고 해도 부담스럽지 않을 것이다.

그렇게 몇 년 거주하다 보면 매수할 때보다 건물 가격도 올라가고 임대료도 어느 정도 인상된다. 총임대료를 받아서 대출금 이자로 일부 납부하고, 매월 400만 원 정도 여윳돈이 생기게 된다. 그 여윳돈과 연금을 합쳐서 노후생활을 하면 된다. 만약 자녀들 결혼이나 목돈이 필요할 때는 일부 임대를 재계약할 때 보증금을 올리고, 월 임대료를 조정하는 방법으로 생활하면 된다.

필자의 중개사무소 주변에 나온 물건들은 건물을 매수한 지 20년 정도 지난 것들인데, 본인들이 5~6억 원 정도 주고 매수해 거주하던 물건들이 최근 매매되는 사례다. 70~90억 원대 정도로 거래되었다. 자신들이 필요한 자금을 일부 대출을 받아 생활하고, 또 재투자해서 자산을 더 많이 증가시킨 분도 계신다.

아파트를 대출로 매수한 경우, 매월 나오는 연금으로 아파트 대출금에 대한 이자를 감당하다 보면 생활비가 줄어들기 때문에 스트레스가 심해진다. 아파트 한 채만 보유하고 있다가 노후를 맞이하게 되면, 갑자기 목돈이 필요해서 추가 대출을 받아야 할 때 이자에 대한 부담이 클 것이다. K사장님은 "자녀들이 출가하면 부부가 몇십억 원씩 하는 넓은 평수에 거주하는 것이 효율적이지 않다"라면서 보유한 주상복합아파트를 매매하고 단독건물을 매수했다. 자신들이 맨 위층과 옥탑을 사용하고, 나머지는 임대할 계획을 세우고 계신다.

그래서 소형건물을 소유하게 되면 금리가 인상된다고 하더라도 임대계약할 때 임대보증금을 줄이고 임차료를 올려서 금리인상에 대비하면, 어느 정도 완충 역할을 할 수 있다. 만약 대출금리 변동이 생겨서 아주 힘들 경우, 대출이자에 대한 인상금액 중 일부는 임차인에게 어느 정도 부담시킬 수 있는 여지가 생긴다. 재계약 시점에서 금리 인상으로 인한 상황 설명을 하고 임대료를 조정하면 된다. 그래서 '조물주 위에 건물주라고 하는 것 아닐까?'라는 생각을 한다. 만약 수익형 건물이 아닌 주거용 부동산을 가지고 있었다면, 금리 변동에 유연하게 대처하기가 어려울 것이다. 주택의 경우 2년 단위로 계약하며, 대부분 전세로 임대하기 때문에 전세를 월세로 전환해줄 수 있는 세입자가 많지 않다.

건물에 근린생활시설을 임대한다면 보통 1년 단위로 재계약을 하게 된다. 만약 월 1,000만 원 나온 건물을 매수한 경우 5%씩만 인상하면 월 50만 원이 되고, 연간 600만 원을 인상하게 된다. 이 금액은 연간 4% 이자를 납부할 경우, 1억 5,000만 원에 대한 이자를 낼 수 있는 금액이다. 최근 우리나라 금리도 미국 연방준비제도이사회의 금리 인상에 따라 보조를 맞추다 보니 대출 이자가 부담스럽지만, 언제까지 고금리로 경제를 지속해 나갈 수 없다는 점을 알아야 한다. 반드시 고점이 있으면 저점이 있기 마련이다. 경제도 성장기, 성숙기, 후퇴기, 하락기를 거치면서 점점 더 발전하게 되어 있다. 그러므로 지금 당장 대출금리가 높다고 세상이 끝날 것 같이 생각하지 말아야 한다.

우리나라에서 잘나가는 대기업 P회장님께서는 이득을 본 일정 금액을 매년 부동산이나 건물을 매수하는 데 쓴다. 사업을 하다 보면 경기변동이 항상 존재한다. 사업가는 그 리듬을 잘 타고 가야 한다. 아무리 고수라도 100% 성공하는 투자만 할 수는 없다.

장사를 해서 손해가 나더라도 팔아야 할 때가 있고, 이익을 극대화해도 물건이 부족해서 팔 수 없을 때도 있다. 그래서 꾸준히 부동산을 매수하고 있는 것이다. 특히 금리 변동이 심할 때는 단기로 추가 대출을 받아 기존 대출 이자를 메우는 방법도 고려해야 한다.

아파트나 주택에 투자한 경우는 갑자기 임대료를 올리는 것은 불가능하다. 대부분 전세 물건으로 시세 차익만 바라고 투자한 물건이라 금리 변동에 취약할 수밖에 없다. 본인이 소형건물을 매수할 수 있는 적당한 시점에 움직여야 한다. 행동으로 옮기지 않으면 아무런 일도 일어나지 않는다.

5년 전, 나의 생활과 지금의 생활에 큰 변화가 없다면 지금부터라도 자신의 미래를 위해서 준비하라고 권하고 싶다. 요즘 젊은이들 사이에서는 소확행(소소하지만 확실한 행복) 문화가 자리 잡았다. 하지만 나이 들어서도 그런 생각으로 살 수 있는지 본인이 신중하게 생각해봐야 한다. 금리 변동에도 견딜 수 있는 자신만의 산성과 같은 단독건물을 매수하는 데 목표를 세워보라고 권하고 싶다.

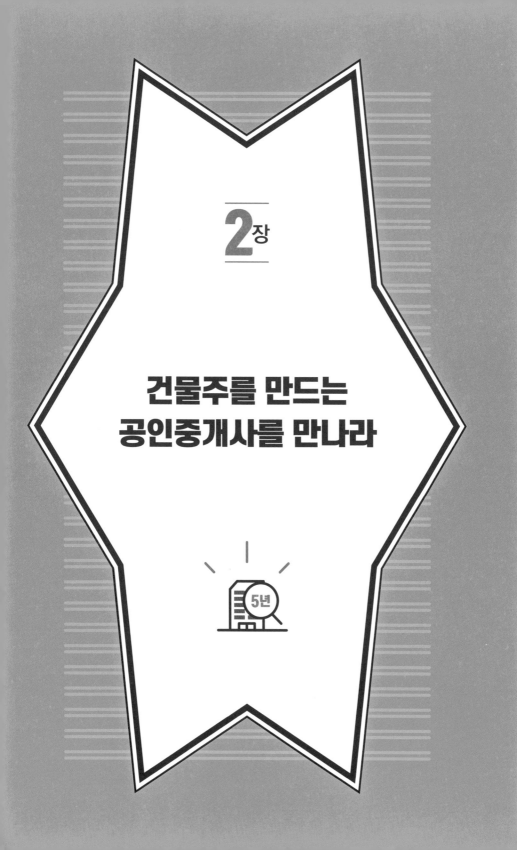

2장

건물주를 만드는
공인중개사를 만나라

자금 동원 능력을 확보하기

소형건물을 매수하려고 중개사무소에 오셔서 가끔 이렇게 묻는 고객이 있다.

"이 주변 건물 가격은 얼마나 됩니까?"

그러면 뭐라고 대답을 해줘야 할지 답답하다. 건물은 단순하게 공산품처럼 가격을 매길 수 없다. 아직 건물 매수 경험이 없으니까 이렇게 물어보는 것이 당연하다. 건물의 가격은 같은 대지 면적일지라도 도로가 접한 필지와 그렇지 않은 것이 다르다. 또한, 사거리 코너와 중간에 끼어 있는 건물도 다르다. 그 외 연면적이 넓은 건물과 좁은 건물, 임대료가 많이 나오는 건물과 적게 나오는 건물, 노후도가 많이 진행된 것과 리모델링이나 대수선 비용이 들어간 건물 등 여러 가지 요인이 복합적으로 작용해 매매가가 결정된다. 이런 질문을 하는 고객은 대부분 건물 매수가 처음일 확률이 높다. 최소한 3개월에서 6개월 정도 건물을 찾으러 다녀보신 고객은 "내 자금이 15억 원 정도 있는데, 이 동네에서 살 만한 건물이 있을까요?"라던지, 아니면 "총매매금액이 40~50억 원 전후로 쓸 만한 건물이 있을까요?"라고 문의하신다.

소형건물은 대부분 100평 이내의 대지에 4~6층 정도이거나 지하층 포함 6~7개층 정도로 연면적이 300평 전후다. 관리소장 없이 소유자 본인이 직접 관리할 수 있는 건물을 말한다. 통상적으로 물건을 사러 오신 고객분들이 말하는 조그만 건물이 소형건물의 범위에 속한 물건이라고 생각하면 된다.

그런데 필자의 중개사무소를 방문한 낯선 고객에게 처음부터 순수하게 건물을 매수하는 데 투자할 수 있는 자금이 몇억 원 정도 되는지 여쭤보면 당황한 기색을 보이는 경우가 많다.

가장 중요한 사항이라서 여쭤보는데, 본인들의 투자금이 너무 적은 금액이라는 생각이 들어서 그런 것 같다. 실제로 건물을 매수하는 데 은행에서 받을 수 있는 대출금액을 빼면, 본인들이 투자한 금액은 생각보다 크지 않다.

필자는 매물을 받으면 단골 은행 담당자와 통화해 탁상감정가액을 파악한 뒤 보증금과 임대료 현황을 알려준다. 탁상감정을 의뢰한 물건이 현재 주변 임대료 시세와의 차이가 얼마 정도 되는지도 설명해준다.

그러면 은행 담당자가 임대료를 가지고 대출 가능 금액이(RTI 적용) 어느 정도 되는지 알아봐주고 감정가도 금방 알려준다. 그런 다음 고객들이 중개사무소를 방문해 문의하면 본인이 가지고 있는 자금과 은행 대출 가능 금액, 나머지 임대보증금과 합산해보고 가능한 물건을 선별해서 보여드린다.

예를 들어, 아파트 한 채를 처분해 자기 자금으로 25억 원을 가지고 계신 고객이 50억 원의 건물을 매수한다고 해보자. 50억 원의 건물을 은행에 사전 평가받은 감정가액이 42억 원 정도였다. 감정가액의 75% 정도 대출이 가능하므로 대출 가능 금액은 [42억 원×75%=31억 5,000만 원]정도다. 여기에서 임대보증금(1억 5,000만 원)에 해당하는 금액은 공제하고, 나머지 금액이 순수하게 대출금액이 된다. 이 건물은 월 임대료가 900만 원 정도 나온 물건이다. 그러면 50억 원에서 자기 자본금액 25억 원이 있으므로 은행에서 25억 원을 대출받으면 된다. 취득세는 매매금액의 4.6%(약 2억 3,000만 원) 정도 비용으로 잡고, 나머지는 중개수수료(최대 0.9% 범위 내 합의)와 리모델링 비용을 생각해야 한다.

그렇다면 이 고객은 50억 원대 소형건물은 충분히 매수할 수 있다. 이런 경우 실제로 매수인은 은행 대출 30억 원을 받고, 자기 자금 18억 5,000만 원(보증금 공제 후 금액)으로 잔금까지 정리한다. 취득세 2억 3,000만 원과 중개수수료 최대 4,500만 원(부가세 별도)까지 처리하면 소유권을 확보한다. 등기 후에 명도와 리모델링이 필요한 경우 그 비용이 추가로 발생한다.

2022년 금리 인상 전까지는 대출이자가 변동금리로 비교적 낮아서, 30억 원을 대출할 경우 이자가 연간 2.3% 이내여서 매월 575만 원 정도 이자를 부담했다.

그런데 최근에 이자가 연 5~6%까지 올라가서 약간 힘든 상황이 되었다. 이렇게 금리가 급등한 것은 물가상승이 원인이다. 미국은 국가 채무 부담이 큰 데 비해 한국은 가계부채가 많기 때문에 계속 금리를 올릴 경우 경기침체가 우려된다.

앞서 자기 자금과 은행 대출 가능 금액과 임대보증금을 합산해서 소형건물을 매수하는 방법을 알아봤다.

그런데 이런 방법으로도 고객의 자금이 부족할 때는 매수자에게 담보 가치가 있는 다른 부동산 물건이 있는지 확인해봐야 한다.

공동담보로 할 물건이 있는 경우, 담보 대출금액을 인상해 추가적인 자금을 확보할 수도 있고, 담보가치가 높은 경우 대출 이자율과 어느 정도 조정이 가능할 수도 있다.

또 다른 방법으로 대출 이자율을 낮추기 위해서(고객들의 신용점수를 올려 유리한 대출을 받기 위해서) 3개월 정도 일정 금액 이상을 예치해두는 방법도 있다.

한편 건물을 갈아탄다면, 신규 물건을 계약한 후에 잔금일에 맞춰서 매도해 신규 물건 잔금으로 정리하는 방법도 있다.

2015년 모 대기업 대표이사는 한 매도인에게 전화를 받았다. 전화내용인즉슨 연면적 4,000평 정도 되는 경기도 근린생활시

당신도 5년 안에 100억 부동산 부자가 될 수 있다

설 물건을 매물로 내놓으려고 하는데, 대표이사가 이 물건을 매수할 수 있냐는 것이었다.

필자가 임대 현황을 받아보니 알짜 임차인들로 월 6% 정도 임대수익이 나오는 건물이고, 임차인들도 장기임차인이었다. 무조건 계약을 하시고, 잔금일쯤 필자의 중개사무소 주변에 있는 대표이사 소유의 건물을 매매해드리겠다고 했다.

이렇게 건물을 계약한 뒤 약속대로 대표이사가 가지고 있었던 건물을 잔금일에 맞춰 매매했고, 대표이사는 더 큰 건물로 갈아탔다. 그 대표께서 "돈이 부족한데 계약부터 해도 되느냐?"라고 반문하셔서 부동산은 그렇게 해야 한다고 말씀드렸다. 그래서 계약을 하셨다. 정말 잘하신 경우다.

만약 필자와 평상시 교류가 없었다면 아무리 대기업 대표라도 중개업에서 하는 방법으로 계약을 처리하려 하지 않았을 것이다. 그런 경우 그 물건은 매수하지 못했을 것이다. 매도인이 급한 상황이라면 최대한 빨리 결정하는 사람에게 매수 기회를 주기 때문이다.

만약 잔금일 전까지 매매가 성사되지 않았다면, 필자의 중개사무소 주변의 대표이사 건물에서 별도로 대출을 받고, 나중에 매매잔금 때 상환하면 된다. 물론 이런 경우 은행에 어느 정도 페널티 금액이 발생한다. 그러나 큰 물건을 사면서 일시적으로 부담한 페널티 금액은 그냥 비용으로 생각하고 계약을 진행해야지, 아깝다고 생각하면 계약을 진행하지 못한다. 부자가 되기 위해서는 마음 그릇을 키워놓아야 한다는 것을 알아야 한다.

2012년 소형빌라와 상가를 여러 채 보유한 P고객이 방문했다. 이 고객에게는 맞춤형 브리핑이 필요했는데, 우선 소유하고 계신 물건을 전부 기록해서 중개사무소로 가져오시라고 했다. 그리고 매매할 경우 양도 차익이 적게 나는 물건을 먼저 처리하도록 순서를 기재해드렸다. 일단 계약은 먼저 하더라도 잔금 일정은 철저하게 순서를 지켜서 정리하는 것이 유리하기 때문이다. 최후에 양도 차익이 많은 주택을 1주택으로 만들어 처분하도록 했다.

그리고 계약을 하고 중도금 없이 잔금 기간을 70일 정도 여유 있게 잡아서 정리했다. 처음에는 조금 저렴하게 매물처리를 해야 한다고 말씀드렸다.

하지만 소형주택의 경우 해당 물건지 매매금액보다 500~1,000만 원 정도만 낮춰서 진행하면 쉽게 해결되었다. 물건을 급하게 처리하려면 해당 물건 소재지 주변 반경 500m 이내 중개사무소에 모두 매물을 내놓아야 빠르게 처리할 수 있다. 한두 군데 중개사무소에 내놓을 경우, 단독중개를 하려고 하므로 거래가 늦어질 수 있다. 한마디로 매도자는 그 매물을 내놓을 때 가능하면 매수자들이 다닐 만한 중개사무소 여러 군데에 내놓아야 한다. 고기잡이할 때 그물을 촘촘하게 쳐 놓는다고 생각으로 급매물이라는 말과 함께 내놓는다. 그래서 건물을 매수하려고 하면 그 공인중개사를 믿고 자신이 보유한 자산에 대해 여과 없이 설명해줘야 해법을 찾을 수 있다. 이 가운데 경험이 많은 공인중개사를 만난다면 큰 행운이다.

당신도 5년 안에 100억 부동산 부자가 될 수 있다

대출 활용 및
합법적인 자금 만들기

소형건물이든, 대형건물이든 건물을 구매할 때, 자기 자금만으로 매수하는 고객은 거의 없다. 큰 자금이 필요하기 때문에 건물을 처음 매수하는 고객이라면 집에 모아 둔 적금통장이든, 보험이든, 주식이든 무엇이든지 현금화할 수 있는 모든 것을 정리해 자금을 모아야 한다. 일부 고객들은 이렇게까지 하면서 왜 건물을 사야 하는지 회의감이 들기도 한다고 했다. 하지만 필자는 그런 고객들에게 항상 "건물을 짓다 보면 10년은 늙는다고 말을 한다. 살면서 제일 고통스럽고 힘든 결정을 하는 일이 건물주가 되는 것이다"라고 말씀드린다. 남들이 지어 놓은 건물을 사는 것도 힘든데, 건물을 짓는 것은 얼마나 힘들겠냐고…. 한편 사옥을 마련한 회사의 경우 "임차인에서 임대인으로 바뀐다는 것은 엄청난 변화인데 힘든 것은 당연하지 않으냐?"라고 말씀을 드린다. 아파트나 일반 상가에 투자할 때는 대부분 현재 거주한 주택을 매매하지 않고, 여유자금과 일정금액 대출을 받아서 매수하고 임대를 하므로 스트레스가 크지 않다. 그러나 건물을 매수하려고 하면 자신과 가족들이 평생 모아 놓았던 자산을 다 끌어모아서 하나의 부동산에 올인해야 하기 때문에 정신적으로 엄청난 스트레스와 갈등이 생긴다. 이것도 건물주가 되려면 극복해야 하는 일련의 과정이다.

그리고 매수하기로 한 다음부터는 마음이 초조해진다. '다른 사람들이 먼저 계약을 하면 어떡하지?'라는 생각이 들기도 하고, '건물주가 팔지 않으면 어떡하지?'라는 생각이 들기도 한다. 하룻밤 사이에도 여러 번 이런저런 마음으로 밤잠을 설치게 된다. 그러나 계약 의사를 밝힌 다음부터는 총알처럼 시간이 아주 빠르게 지나간다. 개인들이 매수할 경우 대부분 이런 갈등과정을 거쳐서 건물을 매수하게 된다. 법인이 매수하더라도 최대한 레버리지를 사용하려고 한다. 대출이자를 어느 정도 감수하더라도 그 방법으로 구매하는 것이 회사 자금 유동성에 도움이 되기 때문이다.

필자의 지인은 2016년 건물을 매수하려고 자기 자금에 맞춰 경기도 일원의 겸용주택 지역이 많은 현장 중개사무소를 다니면서 매매가와 입지 및 임대수익률을 파악했다. 그러나 임대수익률이 3.5% 이상인 물건들은 신축 건물이 많았고, 주변에는 공실도 있었다. 수익률이 저조한 지역은 건물이 노후해서 주변 지역의 상권 회복이 너무 힘들 것 같은 생각이 들었다고 했다. 그리고 상가라고 해봐야 1층 정도고, 나머지 2층부터는 주택으로 구성된 물건들이었다.

특히 분당 지역에는 주차난이 너무 심해 출퇴근 시에 주차전쟁을 치러야 한다는 판단을 했다. 매매금액도 서울 외곽지역과 별 차이가 나지 않았다. 그렇게 3개월 정도 주말마다 현장을 돌아다니다 보니 지인은 물론, 가족들도 모두 힘들어 지쳐 갔다고 했다.

그래서 그 지인은 '당장 급하지도 않은데 이렇게 힘들어하면서 왜 건물을 사려고 할까?'라며 자문자답해봤다고 한다. 그런데 답은 '지금 하지 않으면 앞으로 상황이 더 힘들어질 것이다. 본인의 연령과 직장생활을 할 수 있는 기간이 얼마 남지 않았다. 지금 이렇게나마 가족을 지키면서 살 수 있을 때가 투자할 수 있는 최고 타이밍이다'라는 생각이 들었다고 했다. 그래서 관점을 바꿔 서울 지역에 건물을 사는 것이 좋겠다고 마음을 굳혔다고 한다.

그렇게 해서 지인은 필자의 중개사무소를 찾아오게 되었다. 당시에는 아파트를 처분해 현금 10억 원 정도를 가지고 있었고, 저축과 기타 보험 등에서 대출받을 수 있는 자금이 5,000만 원 정도였다. 이 자금으로 서울에서 건물을 사려면 조금 허름한 물건을 찾되 대지 평수가 어느 정도 나온 물건이면 좋겠다고 생각하고, 물건이 나오면 연락하기로 하고 돌아갔다.

그런데 몇 개월 후 거짓말 같은 일이 일어났다. 대지 70평, 연면적 220평인 1990년 건축된 물건이 대출과 임대보증금을 받으면, 어느 정도 매수 가능한 범위에 들어왔다. 필자는 매수할 수 있는 타이밍이라고 서둘러 결단을 내리라고 했다.

그 지인은 언젠가 한 번은 스트레스를 받을 텐데 며칠 고민한 후 계약을 하고 보자는 심정으로 계약서에 날인을 했다. 대출금을 15억 원 정도 받고, 본인 자금을 합쳐 23억 원대 물건을 매수했다.

그리고 취등록세와 중개수수료로 1억 원 정도 들어갔다. 인테리어는 매수 후에 자금이 어느 정도 생겨서 6개월 정도 걸려서 했는데, 보험 해약도 하고 만기가 도래한 적금과 일부 주식에 넣어둔 자금도 모두 인테리어 공사하는 데 투입했다.

지인의 경우는 오로지 자기 자금과 대출금액으로 처리한 경우다. 현재는 거래 사례로 보면 65억 원 전후로 거래할 수 있는 물건이 되었다. 자기 자금만으로 적당한 타이밍을 잘 잡아 건물 매수에 성공한 사례다. 독자 여러분도 마음이 있다면 행동으로 옮겨야 한다. '구슬이 서 말이라도 꿰어야 보배다'라는 속담이 있듯이 생각만으로는 부자가 될 수 없다.

최근에는 아파트를 한 채만 가지고 있으면서 단독건물을 사고 싶은 분들이 많아졌다. 서울시의 단독주택 용지는 대략 40,000필지 정도 된다. 단독건물을 매수한 분들의 입주 후 만족도는 대단히 높다. 아파트에 거주할 때는 상상도 할 수 없는 일을 가정에서 한다고 했다. 필자의 고객 중 L사장은 대기업 임원으로 정년퇴임 후 아파트와 그동안 저축한 자금으로 단독건물을 매수했다. 아파트라면 모두가 조용히 해야 할 밤늦은 시간, 가정에서 지인들과 모여 음악회를 했는데, 이웃에서 민원 발생이 없어서 좋았단다. 이런 집을 방문한 친구들이라면 단독건물에 대한 매수 열망이 누구보다 더 강해질 것이 당연하다.

　필자의 고객 중 자녀들이 소형건물을 매수하고 싶어 하는 생각을 알아차린 부모님들은 자녀들에게 일정 금액을 증여해주고, 나머지는 본인들의 아파트를 처분한 금액으로 건물을 사는 경우도 있다. 또 다른 경우에 부모님께서 당장 지원해줄 방법으로, 아파트를 담보로 제공해 자녀들이 건물을 매수할 때 대출금액과 이자율을 쉽게 해주시는 부모님들도 많았다. 도시형 생활주택의 경우 매수자를 층별로, 아니면 호수별로 나눠서 매수해도 된다. 자녀들의 자금이 부족한 경우 부모님들의 소유로 일정한 층이나 호수를 매수하고, 나머지 층을 자녀들의 명의로 매수하고 난 뒤 자녀들이 자금이 생길 때마다 부모님 소유 물건을 취득하는 방법으로 건물을 매수한다. 이렇게 하면 합법적으로 절차는 매매지만, 사실은 증여와 같은 방법으로 자녀들에게 자산을 물려주게 된다. 다른 경우는 단독주택 용지를 자매들이 공동으로 구매해 다세대주택을 건축한다. 그리고 지분만큼 건물 층별로 입주하고, 나머지 층은 소유권 등기를 각자 앞으로 하고 임대를 하는 경우도 있다. 본인이 혼자서 매수하기 힘들다면 형제나 자매끼리 합심해 매수하는 방법도 좋다. 다만 서로 명도할 때를 대비해 명도합의서를 작성해놓고 매수하면 된다. 이렇게 하면 거주하면서 각자 임대수익을 올리는 현명한 투자가 된다.

이런 경우 실제로 토지 매수 비용만 있으면, 건축비용은 은행에서 대출을 받아서 건축할 수 있다. 만약 건축할 때, 상가 겸용주택으로 연면적의 51%만 근린생활시설로 건축을 하면, 사업용 건축물로 간주하기 때문에 향후 대출 시 용이하고 매매할 때도 수요가 많다. 지가 상승과 건축물 잔가금액을 합산한 금액으로 매매할 수 있다. 상가 겸용주택으로 건축을 하면 은행에서는 주택담보대출이 아니라, 사업자대출이라서 정부의 주택담보대출 규제에서 벗어날 수 있기 때문이다. 또 사업자대출로 받은 대출금액에 대한 이자는 종합소득 신고 때 비용으로 처리되기 때문에 대출금에 대한 이자 부분은 걱정할 필요가 없다.

또 다른 방법은 주택이 있는 겸용주택을 매수할 경우 자금이 부족할 때는 반전세를 활용해 잔금일에 몇억 원 정도 보증금을 더 받아서 매매잔금을 줄여 거래할 수도 있다.

그러나 은행에서 더 많은 대출을 받기 원한다면 10년 거치 원리금 분할 상환 방법으로 대출하는 방법도 있다. 이 경우는 매월 원금과 이자를 부담해야 하므로 본인의 수입이 안정적으로 있는 분들에게 가능한 방법이다.

또 잔금일 전에 일부 임차인들의 재계약 시점이 도래할 경우 매도인에게 부탁해 임대보증금을 증액하는 방법도 있다.

필자가 경험한 바로는 본인들의 의지와 최소 자금만 가지고 있다면, 합법적인 방법으로 공인중개사와 은행 담당자를 통해 건물주가 되는 길이 있다고 확신한다.

자수성가한 건물주는 단골 공인중개사가 있다

    우리는 수많은 직업을 선택할 자유가 있다. 이동의 자유도 있고, 만남을 선택할 수도 있다. 하지만 어떤 만남은 단 한 번으로 끝나기도 하고, 어떤 만남은 오랫동안 유지되기도 한다.

    공인중개사는 나의 연령과 지식, 지위와 명예를 떠나서 부동산 매매를 위해 만나는 사람이다. 중개사무소를 개업한 지 16년이 지난 필자는 정말 많은 분을 만났다. 헤아릴 수 없이 많은 분과 이야기를 하면서 세월을 보낸 것 같다. 그렇지만 많은 고객 중 필자와 반복적이고, 끊임없이 인간관계를 지속하고 있는 고객들이 있다.

    창업하고 얼마 지나지 않아서 필자의 중개사무소를 방문했던 분이 계신다. 처음에는 청년 같았던 얼굴과 검은 머릿결이었는데 어느새 얼굴에는 주름이 생기고, 머릿결은 반백이 되어 만나고 있다. 개업 초기에 만났던 주변 건물주들은 세상을 많이 떠나기도 했다. 그렇지만 건물은 누군가에 의해서 거래가 되고, 새롭게 리모델링이 되어 도시를 빛내고 있다. 1세대 건물주들의 필사적인 노력의 결정체인 건물을 보고 있으면, 가끔 그분들의 생전모습이 떠오른다. 힘든 상황 속에서 오로지 자신만의 힘으로 건축을 한 이야기를 듣다 보면, 쉽게 건물을 가진 경우는 거의 없었다. 평생 5,000원 이상 되는 점심은 사서 먹지 않았다는 건물주도 계셨다.

2010년 소형사무실을 임대하기 위해 필자의 중개사무소에 방문한 A대표가 있다. 처음에는 25평 정도의 소형사무실을 임대하고 직원 몇 명과 함께 입주했다. 그러다가 사업이 확장되면서 50평 정도 되는 넓은 곳으로 이사했다. 이사할 때마다 필자의 중개사무소를 이용했고, 언제부터인가 단골이 되었다.

2017년 매물로 나온 건물을 소개했는데, 그때는 한사코 필자의 말을 듣지 않고, 경기도 일원의 토지 쪽에 관심이 있었다. 그래서 건물을 매수할 기회를 한번 놓쳤다. 그러다가 2022년 규모가 훨씬 작은 건물을 사옥 용도로 구매하게 되었다. 자신들의 사옥으로 사용하기에 적당한 규모라고 판단한 것이고, 지가 상승이 실감이 났던 것 같다. 2017년 매수를 했더라면 2022년, 아마 자산이 2배로 증가했을 것이다.

A대표는 겸손하고 예의가 바른 분이라서 항상 도와드리고 싶

은 생각이 있었다. 필자가 알고 있는 사업가 중에는 이렇게 자수성가한 대표분들이 계신다. 이런 분들은 언제 어디서 만나도 밝은 얼굴로 인사하는 겸손함을 가지고 있다.

그런데 W사장은 젊은 나이에 부모님으로부터 건물 몇 채를 증여받았다. 초창기에는 부모님과 동행해 계약하러 필자의 중개사무소에 방문했지만, 1년 정도 지나면서 본인 나름대로 자신을 가지고 임차인들을 대했다. 이런 건물주들은 임차인은 물론, 중개사무소 대표하고도 인간관계가 원활하지 못해서 자주 분쟁이 발생하기도 한다. 자기 생각만 하면서 임차인들을 무시하는 행동을 하거나 길에서 만나도 인사도 없어 불편하게 하기도 한다.

모든 것을 수입에만 집중해 생각하다 보니 융통성이 부족하고, 임차인들의 마음을 헤아리질 못한다. 마음에 들지 않으면 공실 상태로 그냥 비워둔다. 당장 건물을 매매하지 않을 거라면 임대료를 조금 조정해 임차하는 것이 어떠냐고 하면, "내가 임차료 가지고 사는 게 아니니까 그냥 조정은 해주기 싫다"라고 한다. 그것도 전화를 여러 번 해야 연결이 된다.

또한, 부모님이 소유했던 때 근무한 건물 관리소장과 충돌이 많아서 그만두게 했고, 지금은 건물 관리 상태가 점점 엉망이 되어가고 있다.

한마디로 단골 공인중개사도 정이 떨어지게 만드는 경우다.

당신도 5년 안에 100억 부동산 부자가 될 수 있다

모든 것을 자기 힘으로 처리하려다 보니 쉽지 않은 것 같다. 부모님 입장에서는 어떨지 모르지만, 언젠가 부친을 만나 증여를 하고 난 후 소감을 들어봤더니 쓸쓸한 마음이 든다고 했다. 가정에서도 가장으로서 입지가 서지 않고, 임대관계도 자신의 조언을 들으려고 하지 않는다고 하셨다. 평생 힘들게 벌어서 이룬 자산을 노후에 자신을 위해서 마음껏 써보지도 못했다. 세금 때문에 자식들에게 일찍 넘겨주고, 정작 본인은 왜 이렇게 쓸쓸한 마음으로 지내야 하는지 안타까웠다. '세금이 뭐라고, 그런지!' 하는 생각으로, 아직은 그분들의 마음을 이해하기가 힘들다.

2008년 모 음식점 프랜차이즈 가맹본사 대표와 예비 가맹점주가 필자의 중개사무소에 방문했다. 대표가 말하기를 근처에 25~30평 정도 되는 식당 자리를 찾고 있다고 말했다. 투자금이 어느 정도인지 여쭤봤다. 큰 자본이 없어서 최소한 1억 원대 전후로 가게를 세팅해야 한다고 했다. 현재 레스토랑으로 운영 중인 곳이 떠올랐다. 법인 중개사무소에서 높은 권리금을 부르며 자주 고객을 모시고 오는 곳이었다. 높은 권리금이 걸렸지만, 일단 위치를 보여 드렸더니 며칠 후에 마음에 든다고 다시 찾아오셔서 계약하고 싶다고 권리금을 조정해달라고 말했다. 그런데 권리금만 1억 5,000만 원을 달라고 하니 도저히 엄두를 낼 수 없었다. 어떤 근거로 1억 5,000만 원을 제시했는지 그 법인 중개사무소 담당자를 만나 물어보고 싶었지만 만날 수 없었다. 하지만 매도인은 그분들이 얼마를 받든지 본인에게는 8,000만 원을 주겠다고 했다는 말을 했다. 필자는 그 가게 영업시간 이후에 찾아가서 "힘든 사람 한번 살려 주세요. 사장님이 남을 한번 도와주면 언젠가 사장님도 누군가의 도움을 받을 날이 올 것입니다. 그러니 금액을 조정해주세요"라고 부탁을 해놓고 돌아왔다. 물론 처음에는 달걀로 바위 치기를 하는 것 같았다. 그 매도인도 말도 안 하고 필자에게 눈길도 주지 않았다.

그래도 필자는 자꾸 방문해 얼마를 받든 매도인이 받을 수 있는 금액은 8,000만 원이라고 했으니 조금만 조정을 해달라고 했다. "자녀들도 어리고 이분들이 꼭 성공해야 한다. 그러나 몇 번 실패로 지금은 자금이 부족하다"라면서 "한 번만 좋은 일을 한다고 생각하고 매매금액을 조정해서 기회를 드리자"라고 간곡히 부탁했다.

시간이 지나면서 법인 중개사무소에서 모시고 오는 손님들도 발길이 끊어졌다. 하지만 매도인은 신혼집과 가까운 정자동 가게로 이사하고 싶어 했다. 그러던 어느 날 매도인은 "매수하려는 분은 가격을 얼마로 생각하고 계시냐?"라고 물었다. 그래서 협상한 금액이 6,500만 원이었다.

필자는 다음 날 가맹본사 대표를 중개사무소로 오라고 했다. "만약에 본사에서 인테리어 공사를 하면서 이 고객에게 추가로 이익을 남기려고 하면 이 가게는 해드릴 수가 없다"라고 말씀드리며, "현재 내부 인테리어가 깨끗하니까 주방에 화구 숫자만 몇 구 추가하고, 집기 비품은 구매하되 인테리어는 하지 않는다고 필자에게 약속하면 계약을 진행해드리겠다"라고 했다.

그렇게 가맹본사 대표에게 인테리어를 하지 않겠다는 약속을 받고 계약을 진행해드렸다. 그리고 가끔 그 가맹점 사장을 만났다. 시간이 지날수록 안색이 아주 편하게 보였다. 그 후 7년이라는 시간이 지났다. 어느 토요일, 가맹점 사장 부부가 필자의 중개사무소에 들렀다. 인사를 나누고 근황을 여쭤보니 건물을 사러 왔다고 했다. 가능한 자금을 확인해보니 15억 원 정도 가능하다며, 건물이 있으면 보여 달라고 했다. 그래서 양재동에 나온 대지 120평짜리 지하 1층, 지상 4층 건물을 소개했고, 마음에 든다고 해서 그다음 주 계약했다. 42억 원 정도로 사드렸던 건물인데 매월 1,450만 원 정도 임대료가 나왔다. 현재 시세로는 100억 원 정도에 거래될 수 있는 건물을 소유하게 된 것이다.

4년 전 1층 공실이 오래 간다고 매매를 하려고 했을 때 필자가 만류했다. 그때는 매매가를 75억 원으로 조정하려고 했었다. 부동산은 최소한 10년은 묵혀야 제값을 받는다면서 자꾸 만류했는데, 그것이 부부들에게는 행운이 된 것이다.

그 부부는 건물을 매수하러 와서 "소장님이 평생 은인이에요"라고 말했다. 그러면서 "우리가 돈을 벌면 꼭 소장님께 건물을 사자"라고 부부가 약속했다고 한다. 중개수수료는 원하는 대로 드리겠다고 말했다. '얼마나 기분이 좋았으면 그런 말을 했을까?'라는 생각을 했다. 지금도 영업이 잘되고 있어서 마음이 편하고 즐겁다.

　이렇게 처음 방문했던 분이라도 그 부부의 이야기를 듣고 나서 도와주고 싶은 힘이 난 것은 그분들의 진심을 필자가 알았기 때문이다. 이렇게 진심으로 대하면 나중에 더 좋은 일이 생긴다. 단골 공인중개사는 중개해서 수수료를 받는 것만 중요하게 생각하지 않고, 고객들의 자산 증가에도 많은 관심을 두고 있다는 것을 알아야 한다.

인생이 바뀌고 싶다면
공인중개사 선택을 잘하라

2016년 운동복 차림의 S여사가 필자의 중개사무소를 방문했다. 건물을 사고 싶다면서 50억 원 전후 물건을 찾았다. 필자는 사용 용도와 면적, 현금 보유금액, 입주 여부 등 필요한 조건을 전부 여쭤봤다. 인근에 공원을 낀 상가주택 물건을 보여드렸고, 마음에 든다며 다음 주에 남편과 함께 다시 오시겠다고 하면서 돌아갔다. 그런데 다음 주에 오신 S여사는 남편과 같이 중개사무소를 방문했는데, 처음에는 못 알아볼 정도로 화려하게 변신을 하고 오셨다. 필자가 웃으면서 "하마터면 못 알아볼 뻔했습니다"라고 인사를 나눴다. 남편도 해군사관학교를 졸업한 분이라고 본인 소개를 했다. 그러면서 왜 필자의 중개사무소를 선택해 방문했는지 말해주었다. S여사는 지난번 운동복 복장으로 건물을 찾으러 다니다가 몇 군데 중개사무소에서 고객 대우를 해주지 않고 흘깃 외모를 쳐다봤다고 한다. 그 시선이 "당신 같은 사람이 무슨 건물을 산다고 왔느냐?"라는 말을 바로 할 것 같은 느낌이었다고 했다. 외모만 보고 대꾸도 해주지 않은 공인중개사도 있었다고 한다. S여사는 조선족인데, 국내에 들어와서 300평 규모의 큰 식당을 운영하고 계신 분이었다. 마침 양재천에서 운동도 하고 건물도 알아볼 겸 중개사무소에 들렀고, 외모를 따지지 않고 성심성의껏 물건을 소개해준 필자에게 건물을 사고 싶다면서 남편과 함께 온 것이라고 했다. 2016년 44억 원에 매수해드렸고, 2021년 88억 원에 매도했다.

내 사무소에 방문한 고객을 외모를 보고 판단한다면, 그렇지 않아도 외모 지상주의인 세상에서 얼마나 살아가기 힘들까? 필자는 손님을 외모로 판단하고 있는 공인중개사들이 있다는 것이 믿어지지 않았다. 필자는 '한번 고객은 평생 고객이다'라는 생각으로 사업을 운영한다. 가끔 고객들이 급하게 매매하기를 원하면, 물건을 여러 중개사무소에 매물로 내놓으시라고 권장한다. 빨리 매매를 해 다른 곳에 자금을 투자해야 하는 상황에서 언제까지 의리만 지킬 수도 없고, 그래야 고객도 필요한 시점에 더 좋은 물건을 매수할 수 있기 때문이다.

그래서 보통 한 달만 필자에게 시간을 달라고 하는 편이다. 16년 동안 한 건물을 3회 매도와 매수를 해드린 경우도 있다. 이런 고객들이 점점 많아지게 되니 당연히 신뢰가 쌓이고, 주변 지인들이 건물 매수를 하고 싶다고 하면 필자의 중개사무소에 상담하라고 소개해주신 건물주도 제법 많아지고 있다.

　공인중개사 시험에 합격해 개업하고 싶어도 필자처럼 40대 중반쯤이면 시작하기가 쉽지 않다. 중개사무소에서는 젊지 않아서 직원으로 선호하는 것도 아니고, 업무를 해본 경험이 없으니 오픈하는 것도 두렵다. 필자는 이런 고민을 하는 공인중개사에게도 개인 중개사무소를 개업해도 문제가 없도록 노하우를 알려드리기도 했다. 필자가 개업 초기에 겪은 힘든 일들을 생각하면, 중개업 현장에서 필요한 업무와 지식을 잘 가르쳐 주는 곳이 있었으면 하는 바람이 있었다. 그렇지만 자신들의 노하우를 남에게 알려주면 밥그릇을 뺏길까 두려워하는 경우가 많다. 나중에 10년 정도 지나 보니 중개업자들이 몰라서 설명을 못 해주는 경우도 있다는 것을 알게 되었다. 필자도 개업 초기에 너무나 간절함이 있었기에 자격증만 따고, 일반 중개 실무를 배우고 싶어 하는 분에게도 자세하게 설명을 해드리고 있다.
　처음 건물을 사고 싶어서 알아보려고 중개사무소를 방문하는 고객들에게는 본인이 궁금한 것이 있으면 모두 기록해서 여쭤보라고 했다. 그러면 건물을 매수하는 데 필요한 기본적인 지식을 쌓은 후 본인이 원하는 지역에 3개월에서 6개월 정도 중개사무소를 방문해보라고 권한다. 그러다 좋은 물건을 안내받고 매수하고 싶은 마음이 생길 때 필자에게 전화하라고 했다.

그 건물에 대한 공적 장부와 현황이 차이가 있는지, 주변 필지의 가격과 비교해 적당한 매매금액인지, 임대료가 과도하게 책정되어 있는 물건인지 등을 설명해드리고 있다.

본인이 원한 지역에 마음에 드는 물건을 안내받았다면 행운이라고 생각해라. 그다음에는 무엇을 해야 할까? 필자는 물건을 안내받게 되면, 건물 옥상에 올라가서 건물 관리 상태를 본다. 옥상에 에폭시 방수가 몇 년 정도 되었는지 보고, 배수나 옥상 폐기물(화분이나 각종 의자나 버려진 가구, 항아리 등), 임대인이나 임차인들의 잡다한 집기들이 어느 정도 쌓여 있는지 확인한다. 이것만 봐도 건물주가 건물의 내부를 어느 정도 관리해오고 있는지 직관적으로 느낄 수 있다.

만일 같은 물건이 여러 중개사무소에 나와 있다면, 소장에게 직접 받은 물건인지 아닌지를 여쭤봐야 한다. 여러 중개사무소에 물건이 나와 있다면 매도인이 매우 급한 사정이 있거나, 아니면 터무니없는 가격으로 매매 물건을 내놓은 것인지, 하자가 있는 물건인지 알아봐야 한다. 매매로 내놓은 물건이 상당한 기간이 지난 경우도 있다. 이런 물건의 경우 건물주가 매매가를 조정해주지 않거나 임차인의 명도 문제가 복잡할 것이라 예상되는 물건일 수도 있다.

대부분 부동산을 구매할 때 사옥 용도나 대수선 및 재건축을 계획할 경우 명도 조건을 제시하는 경우가 많다. 임차인의 명도는 매도인이 임대사업을 하면서 임차인과의 인간관계가 가장 중요한 요인이 된다. 관계가 좋은 경우 매도인의 협조만 있어도 절반은 성공한 셈이다. 그러나 매도인과 임차인의 관계가 원만하지 않았거나 상호 간에 이해득실만 주장하는 상황이라면 합의가 어려워 어쩔 수 없이 법으로 시시비비를 받아야 할 때도 있다. 필자는 명도까지 진행해주는 중개사무소로, 임대인과 임차인 간의 원만한 인간관계를 가지고 풀어나가고 있다.

한편 중개사무소의 유형을 보면, 법인과 개인 중개사무소가 있는데 나름의 장단점이 있다. 매수하려고 하면 현지의 개인 중개사무소를 택하는 것이 매수자에게 더 유리하다. 그 이유는 현지 중개사무소는 매도인과 인간적인 네트워크가 있기 때문에 모든 사항을 조율하기 쉽고, 비교적 주변 시세에 따라서 매매가를 조정할 수 있는 경우가 많아 매수자에게 유리하기 때문이다. 대형 법인사무소의 경우는 전국에서 고객들이 접근하기 때문에 물건 자체를 광범위하게 보유하고 있다. 하지만 팀별로 물건을 가지고 있어서 자체적으로 내부 인적 네트워크에 의해서 공동중개가 이뤄지고 있는 경우도 있고, 물건지 중개사무소와 공동으로 매매를 진행할 때도 있다. 그런데 대부분 매수자가 물건지 중개사무소를 통하지 않고 매수한 건물들은 항상 그 지역 매매사례로 보면, 가장 비싼 금액으로 물건을 매수한 사례들이 많다. 그리고 이런 대형 법인들은 명도 비용과 건물 신축이나 리모델링 비용을 추가로 요구하는 곳이 많다. 그러나 아쉬운 점은 개인 중개사무소에서도 법인들 못지않게 실력을 갖춘 고수 중개사무소 대표들이 있는데, 자신들을 밖으로 노출하기 꺼리는 분들이 많다. 개인이든, 법인이든 중개 시장에서는 개선해야 할 문제점들이 상당히 많다. 특히 고객들에게 노출하기 어려운 문제인 중개수수료는 개선되지 않고, 암묵적으로 전해지고 있다. 공인중개사로서 그런 점은 부끄럽기도 하다. 일반 고객들이 보기에는 같은 간판을 걸고 중개를 하고 있지만, 공인중개사마다 전문적인 업무 분야가 다르고, 같은 업무를 처리하는 방식도 다르며, 지식과 경험의 차이가 크다.

한마디로 노련한 공인중개사는 고객에게 맞춤형 물건을 소개해 일사천리로 업무를 진행할 수 있지만, 오랜 경력이 있어도 건물 매매 분야에서는 아직 초보자 단계에 머물러 있는 공인중개사도 상당히 많다.

2015년 자신의 건물 1층에 임차한 중개사무소에 건물 매도를 의뢰한 건물주가 있었다. 그런데 그 중개사무소에서 1년이 넘어도 매매하지 못하자 어느 날 저녁 건물주가 필자 중개사무소에 찾아와서 자초지종을 말씀하셨다. 자신들은 1층 중개사무소에서 원하는 대로 다 들어주었는데, 1층 중개사무소 소장이 말하기를 "법인이 매수자로 오니까 임대 종료 후 임차를 하지 말자"라고 했다는 것이다. 6개 층 중 지하층과 1층 중개사무소만 남고, 나머지 층은 공실 상태로 1년이 지났고 이제는 인내심이 바닥이 난 건물주가 건물을 팔아달라고 필자의 중개사무소를 방문했던 것이다. 필자는 그 물건을 2개월 만에 정리해드렸다. 모 제약 회사 대표이사님이 개인 명의로 매수하셨다.

이처럼 공인중개사는 업무 능력이 있어야 하는 것은 물론, 고객층을 다양하고 폭넓게 보유하고, 고객과 신뢰 관계를 유지하고 있어야 한다. 아울러 매수자의 상황을 판단해 고객 입장에서 최상의 선택을 한 물건을 적당한 기회에 제공할 수 있어야 한다.

신뢰와 업무 능력은 기본이고, 중개 업무에 관련 있는 건축사, 은행 대출 담당자, 법무사, 변호사, 세무사나 회계사 및 인테리어 공사 업체와 종합 건축사 사무소도 협조가 잘 이뤄지도록 해야 한다. 더 필요할 경우 구조안전진단사도 연결할 수 있는 능력을 갖추고 있어야 업무 및 필요한 사항을 컨설팅도 해주고 상담도 해드릴 수 있다.

또한, 고객이 중개사무소에 준 정보를 최대한 사실대로 상대방에게 전달해 의사 전달이 왜곡되지 않도록 해야 한다. 한편 매수 고객에게 자신이 알고 있는 정보를 알려줄 수 있어야 건물 중개를 할 수 있는 기본을 갖춘 공인중개사라고 할 수 있다.

필자가 언급했듯이 자금이 부족한 경우라든지, 명도 문제라든지, 불법건축물이라든지 대수선이 필요한 경우, 모든 업무 영역에 대해 상담할 수 있도록 업무 역량을 강화해나가고 있다. 이런 공인중개사를 만나야 고객의 자산도 증가하고, 더불어 중개 사무소의 수익도 증가하게 된다.

어떤 면에서 생각해보면, 건물주는 소유권만 가지고 있는 것과 같다. 레버리지를 이용해 건물을 매수한 경우에 은행은 대출금에 대한 안전한 이자를 받게 되고, 건물주는 대출이자를 제외한 부분을 소득으로 갖는다. 어떻게 생각하면 건물주와 은행은 공생 관계인 셈이다.

업무를 하다 보면 10개 사항을 잘해드리다가 하나만 소홀하게 되면, 왜 상대방(매도:매수)의 편만 드냐고 반문을 하는 고객이 있다. 절대 그렇지 않다고 주장하고 싶다. 상황을 설명하면 다 이해를 하실 것이다. 이럴 때는 솔로몬과 같은 지혜가 필요한 경우다.

필자는 고객을 선택하는 것이 아니라, 고객이 필자를 선택하게 해야 한다는 생각으로 중개사무소를 운영해왔다. 그러기 위해서는 고객이 원하는 모든 정보를 아낌없이 주어야 한다.

복이 있는 고객은 건물을 사줄 수 있는 능력 있는 중개사무소 소장을 알아본다. 필자는 평생 은인이라는 말을 개업 후 계속 들으면서 행복하고 즐거운 마음으로 운영하고 있다.

당신도 5년 안에 100억 부동산 부자가 될 수 있다

한 번의 선택이
평생을 좌우한다

우리는 매일매일 일상생활에서 선택하면서 살아가고 있다. 그러나 자신이 선택했던 모든 일이 항상 좋은 결과를 가져온다고는 할 수 없다. 항상 좋은 결과만 선택할 수 있다면 얼마나 좋을지 한 번쯤 생각해봤는가? 내 부모님을 내가 선택해서 태어날 수 있을까? 부자 부모를 둔 지인이나 친구들을 부러워한 적은 없는가? 누구나 그런 상상을 한 번쯤은 해봤을 것이다. 윤회설로 가능하다고 말할 수 있겠지만, 그 부분은 종교적인 차원에서 해석해야 하는 일이니 여기서는 설명하지 않기로 한다.

필자가 중개사무소를 운영하다 보니 대부분의 사람들이 부동산에 관심이 아주 많다는 사실을 알았다. 왜 사람들은 부동산에 대해 관심이 많을까? 바로 부자가 되기를 원하기 때문이다. 최소한 자신들의 힘으로 재미있게 살아가면서 남들에게 빌려주지는 못하더라도, 자신과 가족을 보살피면서 알콩달콩 살 만큼의 돈을 가지길 원하기 때문이다. 필자도 같은 생각으로 살아왔다.

그렇다면 부자가 되길 원하는 사람들은 많은데, 정작 주변에 부자가 없는 것을 본 사람과 주변에 부자들이 너무 많은 사람 중 어떤 사람이 부자가 빨리 될까?

부자나 돈도 자석처럼 항상 모이는 곳으로 더 많이 이동하기 때문에 부자들을 많이 볼 수 있는 곳에서 무슨 일이든지 해야 한다. 스노우볼도 눈이 적당히 쌓이고 뭉쳐질 만큼 적당히 녹아 있어야 한다는 것이다.

그러면 한 번 굴릴 때마다 두 배, 세 배만큼 뭉쳐지고 나중에는 처음보다 몇십 배씩 더 많은 눈이 뭉쳐진다. 이것을 부동산 관점에서 보면, 눈이 적당히 쌓이고 적당히 녹은 곳이라면 적당한 수요가 있는 지역에 투자하고, 그 지역에서 거주하고 그 지역에서 생활하는 것이 중요하다.

더구나 이런 조건에 부합하면서 부자들이 사는 지역이고, 부자들을 많이 볼 수 있는 곳이라면 더할 나위 없이 좋은 곳이라 할 수 있다. 그런데 우리 모두는 부모님의 능력이 다르며, 소득이 다르고, 태어난 지역도 다르다. 누구나 본인이 살고 싶다고 원하는 곳에서 살 수 있는 것이 아니다.

90% 이상의 서민들은 평범한 부모님에게서 태어나 열심히 공

부해 고등학교를 졸업하고 취업 전선에 들어가거나, 대학을 졸업하고 직장에 들어가서 연봉 2,000~4,000만 원 정도의 직업을 가지게 된다. 일부는 공무원이 되기도 하지만 말이다.

그런 젊은 세대들이 결혼한다면, 부모님들의 전폭적인 지원이 없이는 평범한 지역, 즉 보통 사람들을 많이 볼 수 있는 지역, 가난한 사람들을 더 많이 볼 수 있는 곳에서 생활을 시작하게 될 가능성이 아주 크다.

이렇게 시작하면 90% 이상이 부자들을 구경하기 힘든 지역에서 출발하게 되어 있다. 그렇게 출발하면 결혼생활도 본인이 잘 아는 곳으로 정하기 때문에 정보가 부족한 지역에서 출발하게 되므로, 점점 부자의 삶과는 멀어진다고 봐야 한다.

40대 중반이 지나면 친구나 지인들이 어느 지역에 출발했는가에 따라서 자산 상태가 엄청나게 차이가 남을 알 수 있다. 이렇게 되면 가장들은 스트레스가 쌓인다. 아무리 '비교하지 말고 살아야지'라고 생각을 하지만, 현실적으로 비교를 하지 않을 수가 없고, 가끔 머릿속이 하얗게 변할 정도로 스트레스를 받게 된다. '왜 우리는 대도시 핵심지역에서 출발하지 못했을까?'라는 생각을 하게 된다. 필자는 "자금과 정보가 없었기 때문"이라고 말해주고 싶다. 강남이라고 무조건 부동산 가격이 다 비싸다고 할 수 없다. 강북이라고 다 저렴한 것도 아니다. 사람이 살다 보면 거주하는 주택을 급하게 처분해야 할 상황이 얼마든지 있다. 그렇기 때문에 기회는 발품을 많이 판 손님들의 몫이 된다는 것이다.

직장에 충성하고 직장밖에 모르며 지낸 사람들이 10년이나, 20년 후에 중개사무소에 찾아와서 후회하는 경우를 많이 봤다. 그래서 필자는 부부 중 한 사람은 꼭 한 달에 한 번 정도 본인들이 원하는 지역, 중개사무소에 들러서 중개사무소 소장과 이야기하며 친하게 지낼 것을 권한다. 중개사무소 소장들도 그분들이 왜 중개사무소에 오는지 다 알고 있다. "언젠가 좋은 물건 나오면 사고 싶어요"라는 무언의 이야기를 하시는 것이다.

주택 투자나 구매만 해당하는 것이 아니다. 사업자도 어느 지역에서 사업을 시작했느냐에 따라서 앞으로 사옥용 건물을 구입하는 지역이 다르고, 직원을 뽑아도 인재를 영입하기 어려운 지역도 있다.

필자가 2017년 소형사옥을 사드린 M법인이 있다. M법인은 서울에서 사업을 오픈해 안양지역에 오피스텔 대형 평수를 분양받아 회사가 이전했는데, 직원들을 채용하면 얼마 지나지 않아 퇴사하는 일이 빈번했다고 한다. 그 이유가 주변에 부대시설이 부족하고 친구를 만나더라도 서울로 올라와야 하는 불편함 때문이라는 사실을 알고, 안양 소유 부동산을 몇 년 전 매수 가격에 상당한 기간이 걸려 처분했다. 현재는 강남으로 사옥을 옮겨서 젊은 직원들을 많이 채용했고, 좋은 회사 이미지로 바꿔 나가고 있다. 이렇게 개인이 주거지역을 정하거나 법인이 사옥을 구입할 때 가장 중요한 것이 지역이란 것을 잊지 말아야 한다.

상가라면 지역은 더 중요하다. 그런데 상가 입지가 아무리 좋아도 입주업종이 해당 상권과 맞지 않으면 활성화되지 않는 경우도 있다.

앞서 필자가 가맹점 업소를 힘들게 권리금을 조정해 입점시켰던 사례의 경우, 해당 업소가 입주하기 전에는 스테이크와 돈가스 매장이었다. 아직 와인이 대중화되기 전이라 연간 매출도 비교적 낮았던 가게였다.

하지만 서민적이고 대중적이면서 삼대가 먹으러 가도 부담 없이 먹을 수 있고, 서로 좋아하는 메뉴를 시킬 수 있는 가맹점 음식점이 입점되고 나서 가게가 아주 활성화되었다. 어떻게 이런 메뉴 구성을 했는지 가맹본사 대표분께 여쭤봤더니 전국의 기사 식당에 들러서 알아낸 기사분들이 시킨 메뉴라고 했다. 재미있는 것은 그 메뉴가 "뭐 먹을까?"라고 말할 때 바로 "아무거나 먹자"라는 말에 해당하는 메뉴를 골라서 자기가 개발했다고 했다.

개업한 지 7년 만에 필자의 중개사무소를 방문해 건물을 사드렸던 바로 그 프랜차이즈 가맹본사 대표자의 이야기다.

프랜차이즈 가맹점주인 M사장님의 경우 한 번의 입지 선택으로 아주 좋은 인연이 되어 자산도 많이 증가했고, 현재하는 사업도 잘되고 있다. 이제는 100억 원대 부자 대열에 합류한 경우다. 그래서 한 번의 선택이 평생을 좌우한다는 것이다. 그래서 그분은 필자에게 평생 은인이라는 말을 했다. 이런 선택을 하려면 본인들의 근면함과 성실함은 기본이 되어야 한다.

가끔 근린생활시설을 오픈하고 영업이 잘되다가 힘들어 하는 경우, 대부분 그 업체 사장님이 사업에 흥미를 잃은 경우가 많다. 개업 초기에는 아주 저돌적인 근면성과 강인한 정신력을 가지고 있다. 그런데 자신의 목표가 너무 작아서인지 연매출이 조금 오르기 시작하면 금방 나태해지는 경우도 봤다. 마인드와 부자 그릇을 더 키워야 한다는 생각이 들었다.

부동산도 사업만큼 투자를 잘해야 수익을 낼 수 있다. 사업을 할 때는 자신의 마음을 관리하는 것도 사업자들에게는 중요한 성공 조건이 된다. 필자는 그분들에게 초심을 잃지 말고 일해야 한다고 항상 말을 해주고 있다. 본인이 좋아하는 일을 시작했으면 끝을 보겠다는 각오로 임해야 한다. 한 번의 선택이 평생을 좌우한다는 말은 한 개인의 운명과 가정의 운명이 걸린 중요한 문제다. 그래서 선택을 잘해야 한다.

독자 여러분도 은인이 되는 공인중개사를 만날 수 있고, 평생 가족의 버팀목이 되어줄 부동산을 만날 수도 있다. 이번에는 당신이 선택할 차례다.

건물 매수 상담은
본인과 배우자만 동행하기

2006년 필자가 중개사무소를 오픈했을 때는 고객들의 관심이 재개발이나 재건축에 집중되어 있었다. 하루 20명 이상의 고객들이 문의했을 정도다.

개업 초기라서 직접 받은 매물은 적었지만, 필자는 나름대로 중개사무소 임대 위주로 운영해가면서 점점 영업 범위를 확장해나가고 있었다. 어떤 날은 삼삼오오 모여서 단체로 투자를 하러 다니는 여성 손님들도 있었다.

나중에 알게 되었는데, 이런 고객들은 부동산 전문 투자가들에게 높은 수강료를 내고 정보를 받아서 '묻지 마' 투자 방식으로 주변의 빌라나 다세대주택 매물을 선점했다. 6개월 정도 지난 다음 또 다른 팀에서 고객들이 두서너 명씩 모여서 매수를 하러 왔다. 도시 재개발이 한창 뜨고 있는 시기라서 그런 것 같았다. 이런 고객들은 비교적 소액으로 투자하고 단기간에 매도했다. 차액이 얼마 나지 않아도 만족하셨다. 주로 이런 고객들은 단타성 매매를 전문으로 하는 분들이 많았다.

그런데 시장 분위기가 바뀌고, 도시 재개발 이슈가 한풀 꺾이자 눈에 띄게 고객들의 방문이 감소했다. 급기야 2011년 6개월 동안 한 건도 계약하지 못했다. 필자는 2011년 말까지 계약이 없으면 중개업을 더 이상 하지 말라는 하나님의 뜻으로 알겠다면서 기도를 하기 시작했다. 그런데 그해 연말에 힘들게 건물 매매 계약을 했다.

수수료를 계산해보니 1년 동안 적자를 메우고, 5개월 정도 중개사무소와 가계 생활을 유지할 수 있는 금액이 되었다. 자영업자 대부분이 그렇지만, 당시에는 필자도 3개월 정도 운영 자금만 있으면 좋겠다고 생각하면서 지내던 시절이었다. 그렇게 연말에 건물 매매 계약을 한 후 필자는 하나님께서 중개업을 계속하라는 뜻으로 알고 업무에 집중했다.

그런데 가끔 여성 고객분들이 2~3명씩 함께 중개사무소를 방문했다. 이런 고객들의 경우에 자신의 정보는 하나도 알려주지 않고, 서로 얼굴만 쳐다보면서 상대방이 얼마나 자산을 가졌는지가 궁금한 것 같아 보였다.

'사촌이 땅을 사면 배 아프다'라는 속담이 있듯이 아무리 친하다고 해도 자신의 자산 상태를 말해주지 않기 때문에 중개사무소에 오면, 서로의 재산을 파악하기 쉽다고 생각한 것 같다.

처음에는 이분들에게 물건을 소개해드렸다. 그런데 동행한 분중 90% 이상은 부정적인 질문을 했다. 정말 사고 싶어도 너무수익률이 낮다느니, 이 지역보다 더 싼 물건이 많은 동네로 가보자고 했다. 건물이 너무 낡았다며 리모델링 공사비가 많이 들겠다고도 했다. 몇억 원 정도 낮춰야 거래가 될 것 같다는 등 부정적인 말들이 이어졌다.

이렇게 겉으로는 걱정도 해주고 염려도 해주며 아낌없이 조언을 해주는 척을 하지만, 그런 고객들의 내면에는 시기와 질투심이 모락모락 피어오르고 있다. 어느 정도 시간이 흐른 뒤 필자는 단체로 오신 고객들에게 꼭 사고 싶으면, 시간 내서 혼자방문하시면 자세히 설명해드리겠다고 했다. 그런 고객 중 혼자서 오신 고객은 16년 동안 한 분도 없었다. 이렇게 함께 몰려다니는 고객들은 서로 지인들의 자산이 어느 정도 되는지가 제일궁금한 것 같다.

그러던 중 2015년 시인이라는 여성 고객이 혼자서 방문하셨다. 이런저런 이야기를 하다 보니 지난 7년간 친구들과 만나서건물을 사려고 많이 돌아다녔다고 했다. 그런데 그때마다 친구들이 이런저런 걱정을 많이 해줘서 건물 사는 것을 포기하고 있었는데, 최근에 그 지역에 가서 보니 "가격이 두세 배는 더 올라 있더라"라고 하셨다. 그제야, '아! 건물을 사려면 혼자서 다녀야 하겠구나!'라는 생각이 들었다면서 필자의 중개사무소를 방문했다고 했다.

필자도 그런 경우를 너무나 많이 봤다. 형이 건물을 사도 동생에게 알려주지 말라고 부탁하는 경우도 있었다. 사업을 할 때도 제일 먼저 사옥을 마련하면, 주위 동료 사업자들이 하는 말이 "그 ○○ 대표는 사업을 키우는 것보다 부동산에 관심이 더 많더라"라고 한다. 그러나 몇 년 지나면 본인도 그런 건물 나오면 소개해달라고 찾아오는 고객도 있었다. 솔직하지 못하고 잘나가는 사람들에게 진심으로 축하해주는 유전자가 우리에게 부족한 것 같다.

어느 분야이건 맨 앞에서 잘나간 사람을 끌어내리고, 구설수에 올려놓고 잘근잘근 씹고 싶은 마음이 우리들의 내면에 잠재하고 있는 것 같다. 자본주의 사회에서 타인이 정당하게 자기 노력으로 얻은 대가에 대해서 너무 쉽게 말하는 경우가 있다. 이런 분들은 자기가 잘될 것이라고는 생각하지 않는 게 아닐까?

필자는 부부가 같이 방문한 경우 진성 고객으로 생각하며 설명해드린다. 최소한 자기들의 전 재산을 올인하는 입장에서 부부가 의기투합해야 가능한 일이기 때문이다. 그렇지만 부부가 똑같은 설명을 들어도 집에 돌아가면 한 사람은 긍정, 다른 사람은 부정적으로 생각한다. 부인 혼자 중개사무소에 가서 물건을 보고 오라고 하신 분들은 아주 급한 사정이 없는 한 관심이 없다는 뜻이다.

당신도 5년 안에 100억 부동산 부자가 될 수 있다

2018년부터 중개사무소에 가끔 방문한 A사장은 본인이 원하는 숲세권에 엘리베이터가 있고, 주거가 가능한 지역 물건을 구매하고 싶다고 의뢰했다. 법인 사옥으로 리모델링을 아주 완벽히 잘해놓은 비교적 저렴하게 나온 물건을 소개해드렸다.

그런데 A사장 본인은 마음에 들어 했지만 상층에서 거주해야 하는 문제로, 가족인 부인과 따님이 동행하자 상황이 달라졌다. 건물 내외부를 보고 하는 말이 "자신들이 엘리베이터를 타고 다니면 임차인과 만나게 되고 사생활이 노출되어 싫다"라고 했다. 대지 130평 정도 되는 건물에 엘리베이터는 당연히 한 대만 설치하는데, 사생활 노출을 핑계로 거부한 것이다. 본인들이 살고 있는 주상복합아파트에 거주하는 것이 더 편안하기 때문이다.

필자는 더 이상 설명을 할 수가 없었다. 남편은 몇 번이나 긍정적으로 매수 여부를 확인하면서 부인을 설득하는 데 시간이 필요한 것 같았다. 이런 경우는 오히려 사생활을 핑계로 부인과 자녀들이 협조하지 않은 경우다.

우리나라는 아파트 생활문화가 확대되면서 이웃 간의 교류가 줄어들었다. 단독건물에 거주하면 여러 임차인과 부딪쳐야 하는 스트레스가 남성들보다 여성들에게 더 크다는 것을 알았다. 대부분 부부가 함께 방문한 경우 남편들은 이성적으로 수익률과 대출이자 부분에 집중하지만, 부인의 경우 감성적으로 접근해서 서로 보완하는 관점에서 종합적으로 판단을 할 수가 있다. 그래서 부부가 동행할 경우 진성 물건을 안내받을 확률이 높은 것이다.

2016년 자신들의 자산을 정리해 자녀들에게 증여로 소형건물을 사주려고 오신 K고객에게 비교적 신축건물에 해당하는 도시형 생활주택 물건을 안내해드렸다.

K고객이 만족하셔서 며칠 후에 자녀들과 함께 방문했고, 매도자와 매수자 모두 마음을 결정한 뒤 계약시간을 약속했다. 그런데 계약시간 1시간 전 매도인 남편으로부터 전화가 왔다.

"김 소장, 미안한데 우리 집사람이 도저히 도장을 찍을 수가 없다고 하니 어떻게 해야 할지 모르겠어."

불과 하루 전 집을 안내하면서 이런저런 질문에 대해서 답변도 잘해주시던 분이 어떻게 하룻밤 사이에 마음이 변한단 말인가! 필자의 경험으로 매수인만큼 매도인도 마음이 오락가락한다는 것은 알고 있었지만, 정말 당황스러웠다.

전날 밤 매도인 사모님은 그 건물에 대한 추억을 되살려 보면서 많은 갈등을 했을 것 같다. '팔 거냐?, 말 거냐?'를 가지고 밤새 엎치락뒤치락하며 밤잠을 설치면서 힘들어했을 것이라는 것을 필자는 누구보다 잘 알고 있다.

2010년도 자신의 건물을 매각해달라고 하신 I사모님이 막상 계약서를 작성한 다음 날, 필자의 중개사무소에 와서 "괜히 건물을 팔았나 봐" 하면서 소리 내어 우는 것도 봤다. 이처럼 자식 같은 건물을 매매하고 새로운 대체 물건을 구매하지 않고 있는 기간에 매도인들은 제일 힘들어한다.

이런 상황을 잘 알기 때문에 필자는 매도 의사가 확실한 물건이 있고 매수 의사가 확실한 고객이 있으면, 일요일 밤 11시에도 계약서를 작성하기도 했다. 이렇게 계약서를 작성하는 것은 중개하는 필자를 위한 일이고, 나아가서는 매도인과 매수인을 위해서 필요한 업무 처리 방식이란 것을 알게 되었다.

하룻밤만 지나고 나면 마음이 바뀌는 매도인과 매수인들도 많다는 사실을 기억해야 한다. 그러니까 부부가 함께 중개사무소에 들러서 마음에 드는 물건을 안내받으면 최대한 이른 시간에 매수 여부를 결정할 수 있어서 좋은 매물을 매수할 확률이 높아진다.

건물 매수 상담을 부부가 동행하면 급매물이나 똘똘한 물건 정보를 받을 수 있다는 것이 필자의 생각이다.

아파트, 빌라 4채 팔아서 건물 샀다

1980년만 하더라도 우리나라의 주택 보급률이 낮아서 많은 사람이 주인이 거주하는 주택에 방 한 칸을 임차해 살았다. 필자도 그런 세대였다. 베이비붐 세대라면 단칸방에서 희로애락을 경험한 분들이 많을 것이다.

그 당시 남산에 올라가서 서울의 야경을 구경하면서 '이렇게 많은 집이 있는데, 왜 나는 집 한 칸 없이 남의 눈치를 보면서 살아야 하지?'라는 생각을 했다. '어떻게 하면 빨리 저 전깃불이 켜진 내 집을 가질 수 있을까?' 하면서 터벅터벅 계단을 내려왔던 기억이 난다.

필자는 대학을 졸업하자마자 학군 장교로 임관해 특공부대 소대장으로 남들보다 힘들게 군생활을 했다. 하지만 나름대로 재미있고 보람된 기억도 많이 남아 있다. 전역과 함께 사회생활을 하는데, 필자는 단기간 내 능력에 맞는 보수를 받을 수 있는 영업부서 일을 좋아해 처음으로 자동차 영업 전선에 뛰어들었다.

하지만 매년 반복되는 노조들의 자동차 조립지연으로 인해 계약해놓은 고객들로부터 출고가 늦어진다고 항의 전화도 받고, 계약도 해지되면서 본의 아니게 마음고생을 했다.

시간이 흐르면서 고객들로부터 여러 가지 사업에 대한 유혹이 많았다. 어느 해는 다단계 판매하는 곳에 들어가서 그동안 친하게 지냈던 선후배와 지인들을 소개해 그들의 생활을 수렁에 빠뜨리기도 했다. 필자도 다단계 판매 시스템에서 유통마진을 배분하는 마케팅 방식이 마음에 들어 시작했으나 시간이 지나면서 맨 먼저 시작하는 사람들만 성공하는 것이라는 것을 알았다. 그 후 나의 착한 동반자에게도 힘든 생활을 하게 했다. 우선 신뢰감이 무너져 내렸다. 경제적으로도 많은 스트레스를 받게 되었다. 그곳을 그만두고 나왔을 때는 친구도 지인들도 모두 잃고, 사막에 덩그렇게 혼자만 서 있는 느낌이 들었다. 그렇게 힘든 시간을 보내면서 자숙하는 시간을 갖고 일반 직장에 들어가 일하면서 지냈다.

그러던 어느 날 '나이가 들어도 할 수 있는 직업이 뭐가 있을까?'라는 생각을 해보니 바로 중개 업무라는 것을 알게 되었다. 그래서 자격증을 취득하고, 현재 근무하는 지역에 오픈할 때까지 몇 개월 시장 조사를 하면서 시간을 보냈다. 처음에는 원룸 계약서를 쓰는 것도 당황했다. 그래서 보다 더 전문교육을 받고 싶어서 LBA 부동산 전문가 과정을 수료하고 나자 부동산 설명에 자신이 생겼다.

필자의 지역에서는 전문 지식이 없으면 고객들을 상대하기 힘들었다. 그래서 필자가 맨 나중에 중개사무소를 개업했지만, 이 지역에서 25년 전 개업해서 중개사무소를 운영하는 분도 자기가 임차한 건물 매매를 공동중개하자는 의뢰를 해올 정도가 되었다. 그때부터 자신감도 생기고 중개 업무가 재미있게 되었다.

그런데 고객들이 부동산을 보유하거나 매수하는 것도 일정한 패턴이 있다는 것을 알았다.

처음 매입하는 부동산은 아파트나 빌라인 경우가 많다. 우선 주거용 부동산을 마련한 것이 중요하니까 말이다. 그렇게 주거용 부동산을 매수하고 자녀들도 키우면서 알뜰살뜰 모아서 점점 대형 평수로 이사를 하게 된다. 더 자금이 여유로울 경우 빌라나 아파트를 추가로 매수해 전세를 준다. 시간이 지나면 어느덧 전세 끼고 투자했던 주택 매매가가 투자금을 넘어 자산 형성이 이뤄진다. 이런 사례는 평탄하게 잘사는 사람들의 경우다.

부동산을 중개하다 보면 맞벌이 부부나 사업을 하는 분들의 경우, 초기에 수입이 발생하면 큰 자금이 아니라서 건물을 살 수 없으니까 소형 부동산을 여러 개 매수한다. 그런 부동산들이 빌라, 아파트 및 소형상가들이다. 그런데 이렇게 작은 부동산을

당신도 5년 안에 100억 부동산 부자가 될 수 있다

여러 개 사들여 놓은 것들이 어느 시점이 되면 효자 노릇을 톡톡히 한다. 이런 부동산들은 시간이 지나면서 조금씩 가격이 올라가게 된다. 또 어느 정도 시간이 흐르고 나면 매매 후 순자금이 몇십억 원 정도 쌓이는 날이 온다. 그때가 핵심지역에 똘똘한 건물 한 채로 바꿔 타는 시점이다. 이때부터는 사실상 자신들의 전체 재산을 모아서 한 건물에 올인해야 하기 때문에 큰 두려움이 따른다. 처음 적은 금액으로 투자하던 때와는 다르다. 소형 부동산과 건물은 완전히 다르게 느껴져 낯설기 마련이다.

누구든지 가보지 않은 길을 걸어가려면 막연한 두려움이 생긴다. 그럴 때는 경험이 많은 사람들의 도움을 받으면서 걸어가면 두려움과 시행착오를 줄일 수 있다. 그런데 일부 고객들은 자기 자산가치를 정확하게 계산도 하지 않고, 중개사무소를 방문해 건물을 물어보고 다닌다.

이런 고객들은 자신의 순자산(매매 후 양도세 납부하고 남은 금액)이 얼마인지 정확하지 않다. 매수 후에 사용 계획도 없이 '막연하게 건물을 사볼까?' 하는 마음을 가지고 방문한다. 건물 매수는 소형 부동산을 매수하러 다닐 때처럼 행동하면 안 된다. 이제부터는 마음에 드는 물건이 나오면 당장 계약할 정도의 준비는 해놓고 다녀야 한다. 대출금액이나 잔금은 개략적으로 맞춰볼 수 있을 정도로 말이다. 왜냐하면 중개사무소에는 매매로 나온 건물들을 즉시, 아니면 1개월 이내로 계약할 손님들에게 먼저 안내를 하고 있다. 다른 영업도 마찬가지겠지만 중개업만큼

치열한 경쟁 속에서 하루하루 살아가고 있는 업종도 많지는 않을 것이다. 그렇기 때문에 항상 빨리 결정할 고객부터 좋은 물건을 집중적으로 안내하게 되어 있다.

그래서 최소한 계약금 정도를 마련해놓고 중개사무소를 방문하라고 권하는 것이다. 필자의 고객 중 개포동 재건축 아파트 2채를 매매하고, 대지 130평 단독건물을 매수한 사모님과 빌라와 아파트를 4채 매매해 상가 건물을 매수한 사모님이 계신다. 그런데 이 고객들의 공통점은 본인 소유 부동산의 매도는 물론, 새로운 건물을 매수하는 데 결단력이 아주 빠르신 분들이다. 즉 부동산 속성을 너무나 잘 알고 있는 분들이다. 본인의 마음에 드는 부동산은 남의 마음에도 든다는 평범한 사실을 잊지 말아야 한다. 마음에 드는 부동산을 만나는 것은 쉬운 일이 아니라는 것을 잘 알고 계신 분들이다.

어떻게 보면 자신들은 개인 투자자로서 똘똘한 건물 한 채를 사려고 하는 마지막 정점에 와있는 것이다. 그분들이 매도해야 할 빌라나 아파트를 매수할 고객의 입장에서는 1,000만 원 또는 2,000만 원만 저렴해도 빨리 거래된다는 사실을 잘 알고 계신 분들이다. 자신들도 과거에 시세보다 저렴한 물건을 집중적으로 사러 다녔던 경험 때문이다.

일반 고객에게 1,000만 원 또는 2,000만 원을 저렴하게 매매를 하고 건물을 사라고 말씀드리면, 마음속으로 그렇게 큰 손해를 어떻게 보냐고 할지 모른다. 하지만 부동산은 언제나 위기가 기회인 것처럼 '나에게 다가온 기회를 잡으려면 손에 쥐고 있던 다른 물건을 놓아야 가능한 일이다'라는 단순한 진리를 알아야 한다. 소탐대실해서는 기회를 잡을 수 없다. 그렇게 두 분은 건물 매수를 했다. 5~6년이 지난 지금 두 분 사모님들의 투자는 성공적이란 사실이 증명되었다.

만일 주택으로 보유하고 있었더라면 정부에서 다주택자에 대한 양도세금을 과도하게 책정했기 때문에 정신적으로 아주 힘들었을 것이다.

설령 매도를 했더라도 양도차익을 세금으로 상당 금액 납부하고 나면 자산이 많이 증가하지도 않았을 것이다. 매월 임대료가 들어오는 물건도 아니었다. 그런데 단독건물을 매수해 임대사업을 하면서 한 분은 월 2,500만 원 정도 임대수입이 발생하고 있고, 다른 한 분은 자기 사옥으로 일부 사용하고 나머지 부분은 임대사업을 하고 있다.

이 지역의 지가는 연평균 5% 이상 오르지만, 2021년부터 2022년 초까지 지가가 급등해서 처음 매수했을 때보다 대지 평당 매매금액이 2배 이상 상승했다. 일반인들은 상상할 수 없는 금액이지만, 필자가 알고 있는 지역에서는 당연한 것으로 생각하는 분들이 더 많다. 그래서 대지 평수가 넓은 단독건물을 매수하게 되는 순간, 주변 매매 사례 때문에 본인의 의사와 관계없이 몇 년 안에 100억 원대 자산가 대열에 합류하게 된다. 그때부터는 본격적으로 자산 증가가 아주 쉽다는 생각을 하게 된다.

이런 사실은 현장에서 중개하다 보면 공인중개사들도 '아니, 너무 비싸지 않아?'라는 생각이 든다고 말하는 분들도 많다. 그런데 이렇게 과감하게 투자를 하는 고객들은 항상 공인중개사의 말을 신뢰하고 행동해서 자기 것으로 만든다. 궁금하면 메모한 뒤 다음에 방문할 때 여쭤보는 습관을 지니고 계신다.

2006년부터 중개업을 하면서 느낀 점은 법인의 경우를 제외하고, 일반 개인들의 명의로 건물을 매수하는 경우 90% 정도는 여성 고객분들에 의해서 매매 계약이 이뤄졌다는 것이다.

이것은 가정의 주도권과 의사 결정에 여성분들의 힘이 강해지고 있다는 이야기다. 여성분들은 남성분들보다 섬세해 지인이나 친구분들이 건물을 샀다고 하면, 내면에서 경쟁하는 심리도 작용한 것 같다.

자기 건물을 가지고 있으면 주위 친구들로부터 부러움의 대상이 된다. 필자가 친구를 부러워하는 고객에게 비슷한 물건을 드렸는데, 가족 중 반대가 심한 분이 계셨다. 즉 아드님과 남편이 일류 대학을 나온 분들이고, 금융업계에 종사했던 분들이라서 쉽게 결정을 하지 못했다. 서울과 경기도라는 지역 차이를 고려하지 않은 채 수익률만 따지는 경향이 강해서 더는 물건 추천하지 않았다. 어떤 일이든지 선택을 했으면 결과도 책임을 져야 한다는 사실을 중개업을 하면서 절실하게 느꼈다.

필자가 중개업을 하기 전에 경기도에 있는 주상복합아파트를 구매해 10년 후에 매각했는데, 겨우 원금을 받고 매매한 일

당신도 5년 안에 100억 부동산 부자가 될 수 있다

을 생각하면 지금도 가슴이 답답해진다. 자문받을 만한 공인중개사를 사귀어 놓지 못한 것이 가장 큰 손해였다는 사실을 뒤늦게 알았다.

그때 경험한 교훈은 부동산 매수 지역을 선정할 때는 주변에 건축할 부지가 많으면, 향후 가격 상승이 어렵다는 것을 알았다.

필자는 이미 돌이킬 수 없는 안타까운 일이지만 지금도 중개사무소를 멀리하는 분이 계신다면 마음을 바꿔 친한 곳을 만들어 놓으라고 권하고 싶다.

단골이 되면 더 좋고, 최소한 내가 소유하고 있는 물건지 주변의 중개사무소와 향후 투자 관심 지역 중개사무소 한 곳씩은 반드시 친하게 지내면서 정보를 받으라고 말해주고 싶다.

그렇게 실천한 사람과 직장에만 충실히 다닌 사람과의 자산 가치 차이는 10년 후에는 몇억 원에서 수십억 원 이상 차이가 날 것이다.

리스크가 없는 안전한 선택만 할 수 있는 일이라면, 부자와 가난한 사람도 존재하지 않을 것이다. 중개사무소를 운영하면서 느낀 생각은 리스크는 본인과 가족들이 협력해 감내할 수 있다면 과감해질 필요가 있다는 것이다. 자꾸 안전한 것만 생각하면 조그만 투자 이익에 만족하면서 살 수밖에 없다. 평생을 살면서 한 번쯤은 과감하게 도전해볼 일이 있을 것이다. 더군다나 자산을 증가시킬 수 있는 일이라면, 한 번쯤 도전해보는 것도 좋겠다. 그리고 우선 부자가 되고 싶은 사람들은 마음속에 있는 그

롯의 크기를 부자로 만들어놓자. 태어날 때 밥그릇 정도 크기였다면, 이제부터는 커다란 양동이 정도로 키워놓고 다녀야 한다. 그 양동이 속에는 자금 조달 스트레스 주머니와 정보 주머니, 도전과 결단의 주머니, 부자 주머니를 함께 담을 수 있도록 모든 정보를 채워 나가야 한다. 내 주위에 부자가 많으면 나도 그들처럼 부자 마인드로 세상을 바라보기 때문에 자신도 모르는 사이에 학습하게 된다.

자녀들이 부모를 보고 학습하듯이 "오늘부터 나는 부자다. 큰 부자로 살자!"라고 다짐하자. 나도 집을 팔아서 건물을 사야겠다.

3장

똑똑한 건물 찾는
6가지 원칙

남들이 보지 못하는 부동산 장점 알아내기

부동산 투자는 촉이 좋아야 한다는 말을 많이 들었을 것이다. 그런데 그 촉이란 것이 하루아침에 생겨나는 것도 아니고, 다른 누군가에게 배우려면 비싼 수강료를 지불하고 배워야 한다. 그러나 한번 그 촉이 발달한 사람은 어떤 물건을 보더라도 아주 빠르게 가부를 결정할 수 있는 자기만의 노하우를 가지고 있다.

이런 고객들은 현장방문을 하면서 그 매매 물건이 왜 나왔는지 꼭 여쭤보신다. 바로 그 물건의 소유자와 중개사무소의 친밀도와 물건을 핸들링할 수 있는 정도의 인간관계인지, 아닌지를 파악하기 위해서 문의하는 것이다. 매매하려는 이유를 알면 일차적으로 거래가 가능한 물건인지, 아닌지를 판단할 수 있다. 괜히 쓸데없는 시간을 낭비하지 않겠다는 것이다.

그래서 매매가 확실한 물건을 찾는 방법으로 다음과 같이 체크를 해나가면 진성 매물인지, 아닌지를 알 수 있다.

첫째, 매매 사유를 해당 중개사무소에서 명확하게 설명하고 있는가?

둘째, 매물로 내놓은 기간이 어느 정도 되었는가?

셋째, 매매 후에 그 자금을 어떻게 사용할 것이라는 계획이 세워져 있는가?

넷째, 매도자가 양도세를 알아봤는가?

다섯째, 등기부를 열람해 소유자의 연령과 건물 보유 기간을 보면 매매를 진행하려는 물건인지, 단순히 자기 부동산의 거래가를 알아보려고 내놓은 물건인지 알 수 있다. 그리고 등기부등본에 최근 몇 년간 계속해서 대출금을 받아서 사용하고 있는 물건인지, 일시적으로 대출을 받은 경우이면서 연세가 드신 소유자일 경우, 자녀들에게 경제적 지원을 계속하는 경우다. 소유자가 증여나 상속을 받은 경우라면 사업을 하다가 현재 고전을 하는 경우가 많다.

여섯째, 소유주가 사망해 상속인들이 합의해 매매를 진행하는 때도 있는데, 이런 경우 상속인 전원이 매매에 동의한다는 합의서를 해당 중개사무소에서 받아줄 수 있는지를 확인해야 한다.

그렇지 않으면 상속인 중 어느 한 분이 상속인 전원을 대표해 매매합의서를 작성해 건네줄 사람이 결정되었을 때 반드시 매매할 것이다. 이런 사례는 가격 협상하기가 극과 극이 된다. 잘

사는 상속인들과 어렵게 생활하는 상속인들 간에 이견이 발생할 수 있다.

중개사무소에서 모두 공정하게 지분별로 정리하되 가족 중 조금 더 어려운 생활을 하고 계신 상속인에게 따뜻하게 대해줘야 한다. 형제자매라도 상속 물건을 매매할 경우, 서로의 생각과 또 같이 사는 배우자들의 생각이 더해지면서 아주 복잡하기 때문이다. 이런 경우 계약서를 작성하는 날도 살얼음판을 걷는 기분이 든다. 가족 중 누구 한 분이라도 반대를 하며 날인을 거부할지 모르기 때문에 아주 섬세하게 신경을 써야 한다.

일곱째, 건물의 공실이 장기화한 물건이라면 충분히 매도하려고 나온 물건이라고 할 수 있다. 어떤 건물 소유자라도 공실이 길어지면 '매매를 한번 해볼까?'라는 생각을 하게 된다. 이런 경우 공실만큼 매매가에서 조정이 가능할 수도 있다.

여덟째, 대출이자 장기체납 및 소유주의 기타채무로 인해 경매 진행 중인 물건은 경매를 취하하고 급매물처럼 처리가 가능할 수도 있다. 경매로 진행되고 있는 물건을 거래하고 싶을 때는 해당 물건이 근저당 설정 은행에서 진행하는지, 자산 유동화 회사에 넘어가서 경매로 진행하고 있는지 알아야 한다.

그리고 모든 채무를 청산하고 나서 매도인이 어느 정도 금액을 받을 수 있는지 판단해야 매매 가능한지, 아닌지를 판단할 수 있다. 이런 경우는 중개사무소에 급매매로 나온 경우도 있다.

이런 8가지 조건 중 4가지 이상 해당한 물건이라면, 매매가 확실하다고 볼 수 있다. 이 가운데 리모델링이나 대수선 및 증축하지 않은 물건이면서 가격이 주변 시세와 비교해도 평균적인 금액이라면 원석이 될 수 있다.

즉 매수한 건물 리뉴얼을 통해 임차 업종을 선별해 입점시킨 후 수익률을 높이면 건물 가치도 상승하는 경우다.

그러므로 초기에 건물을 매수하려는 경우, 이런 원석을 찾는 것이 본인에게 행운이 될 수 있다. 주로 연세가 많으신 분들이 소유하고 있는 물건들이 여기에 해당한다. 그분들은 건물 유지하는 정도만 비용을 들이려는 성향이 강하다. 추가 비용을 들여 건물 상태를 바꾼 후에 매매하라고 해도 본인들의 고정 관념 때문에 그냥 조금 싸게 팔려고 하지, 돈이 들어가는 것을 원하지 않은 경우가 많다.

필자가 2011년 53억 5,000만 원에 매매했던 건물의 경우, 길 건너 맞은편 물건은 공동소유로 화장실이 낡아서 임차인들이 방문한 손님들에게 미안해서 본인들이 자체 비용을 들여 층별로 다른 색상의 화장실로 고친 곳도 있고, 양변기가 아닌 화변기가 있는 층도 있었다. 그에 반해서 필자가 매매한 건물주에게 "화장실이라도 수리해 매매하면 매도가 쉬워지고, 투자한 비용보다 몇 배는 더 건물가액을 받을 수 있다"라고 조언을 드렸다. 그래서 화장실 5개 층을 리모델링을 했고, 2,000만 원이 들었다. 그러고 나서 길 건너 물건과 필자가 매도한 물건을 고객들에게 보여 드렸더니 다 같이 하는 말이 "왜 화장실이 층마다 다른가? 건물 관리가 너무 엉망이다"라고 했다.

그런데 필자의 조언을 받아들여 화장실을 수리한 건물은 단기간에 매매가 이뤄졌다. 대부분 사옥용 건물을 찾거나 심지어 중개사무소를 임차하러 오신 고객들조차도 요즘은 직원들의 복지 차원에서 화장실 청결 상태를 제일 중요하게 생각하고 있다고 했다.

그렇기 때문에 만약 독자분들 중 부모님들이나 지인들이 건물을 매매하려고 하면, 조금 투자한다는 생각으로 화장실과 건물 현관과 복도를 청결하게 해놓는 것이 중요하다고 말씀드리기 바란다. 그러면 매매가 빨리 진행되고 가격 조정도 많이 해주지 않아도 된다.

건물을 매수하려고 하는 독자분들은 화장실과 건물 입구, 복도 등 관리 상태가 부실한 물건을 찾아서 매매금을 조정한 후에 자신이 직접 리모델링해서 가치를 극대화할 수 있다. 이런 건물을 매수해야 유리하다.

그래서 일부 리모델링을 하면 건물 자체 가치 상승은 물론, 우량 임차인이 입주하고 싶은 마음이 강해지기 때문에 신규 임차인에게 임대료를 인상해 수익성 좋은 물건으로 바꿀 기회가 된다. 그런데 이렇게 건물 리모델링을 하면 임대가 잘될 지역인지, 주변 상권과 입지가 연계성이 있는 지역인지, 매수 계약하기 전에 본인 스스로 판단해야 한다.

이런 물건을 찾는 것도 어려운데 상권까지 파악하려고 하면 머리가 아플 것 같다. 그렇다면 일주일에 3일 정도, 평일 2일간은 점심과 저녁 시간 때 손님들의 동선과 연령대를 파악하고, 가장 핫한 식당과 그렇지 않은 곳도 몇 군데 들려보자. 또 주말 중 하루는 점심과 저녁 상가 고객들의 동선과 이용객 수를 보면서 상권의 연계성 여부를 파악해보자.

요즘은 인스타그램과 다른 여러 SNS로 노출도와 접근성이 없어도 업종에 따라 서비스와 맛으로 승부하는 가게들도 많이 늘어나고 있다. 본인의 건물에 어떤 임차인이 들어오느냐에 따라서 건물 가치가 달라지기도 한다.

그렇지만 중개사무소에는 건물주들이 매매가를 판단해보려고 매물로 내놓기도 한다. 그러다 매수인이 나타나면 "생각 좀 해보겠다"면서 시간을 끌다가 다른 중개사무소에 이렇게 말한다. "A중개사무소에서 내 물건을 ○○○억 원에 팔아준다고 하는데 ○억 원만 더 받고 싶다"라고 말하면, 그 중개사무소도 동의하고 그 물건 가격을 높여 인터넷에 올린다. 이렇게 몇 번 하다 보면 건물주가 자기 자신의 건물을 시장에서 어느 정도 금액으로 거래할 수 있는지 판단이 서게 된다. 그러면 즉시 매매 보류한다고 통보하고 끝내버린다.

2021년, 필자가 매수자를 직접 알고 진행한 경우가 있었다. 공동중개를 하다 보니 처음 부동산 시장에 매매로 내놓은 가격은 550억 원이었고, 가격을 점점 올리더니 6개월 후에는 1,000억 원까지 올라간 경우가 있었다. 이런 건물주 때문에 많은 중개사무소와 매수자들이 힘들어한 것이다.

이 외에도 소유자가 갑자기 지병이 발생해 급매물로 나온 경우도 있다. 또한, 예전에는 겸용주택을 선호했지만, 최근에 2주택 이상 양도세와 취득세 중과로 인해 겸용주택 수요가 줄었다. 최근에는 올근린생활시설로 변경이 가능한 겸용주택 물건을 찾는데, 건축물대장을 보면 주차 대수를 확인할 수 있다. 주택을 근린생활시설로 용도변경할 때 건축사무소를 통하면 비교적 쉽게 해결할 수 있다. 2열 주차를 허용하지 않은 때 건축한 물건의 경우, 현재 건축법에서는 2열 주차를 허용하고 있어서 추가로 1대를 더 받을 수 있다. 그래서 주택을 사무소로 용도변경하는 것은 어렵지 않다고 보면 된다. 다만 건축사무소에서 처리해야 하므로 비용이 발생한다. 남들이 보지 못한 부동산의 장점을 파악하는 방법을 이 정도만 알고 물건을 찾아봐도 남들보다 훨씬 자신감을 가질 수 있다. 건물을 매수하려고 하는 독자들에게는 아주 큰 도움이 될 것이다.

부동산 관련 공적 장부로 물건 파악하기

만약 건물 매수를 희망하는 고객분이 매수하고 싶은 물건을 소개받았다면, 맨 처음 알아봐야 할 일은 공적 장부 확인이다.

부동산 공적 장부란 정부에서 제공하는 것으로 정부24(www.gov.kr/portal/main) 등에서 확인할 수 있는 서류다. 건축물대장에서는 건축면적과 연면적, 층별 면적, 주차 대수와 건물사용승인일이 기준인 건축연도, 건축구조, 건축자재, 건폐율과 용적률, 소유자, 엘리베이터 유무와 불법건축물 여부 등 자세한 사항이 기재되어 있다. 한마디로 건축물대장은 그 건축물의 이력서라고 생각하면 된다. 건물을 매수하는 데 기본적으로 확인할 공적 장부다. 만약 불법건축물이라고 하단에 기재되어 있다면 그 불법 내용도 기재되어 있으므로 꼭 확인해서 매매계약할 때 해소해달라고 할 수도 있다. 만약 가벼운 불법 사항으로 매년 과태

당신도 5년 안에 100억 부동산 부자가 될 수 있다

료만 납부하는 정도고, 철거하는 것보다 매수인이 승계해 사용하는 것이 더 효율적이면 다시 한번 생각해봐야 한다.

이런 불법건축물에 대한 행정 처리는 각 해당 시·군·구에 따라 차이가 있으니 시·군·구 담당자와 상담 후에 결정하는 것이 유리할 것이다. 필자가 아는 개포동 건물은 현재 엘리베이터가 설치되어 있는데도 건축물대장에는 없는 것으로 나와서 구청 건축과 담당자에게 여쭤보니 대장을 전산으로 옮겨적는 과정에서 누락된 것 같다고 표시 변경 신청을 하라고 했다. 공적 장부라고 해서 100% 착오가 없는 것은 아니라는 사실을 알아야 한다. 만약 겸용주택을 구매했는데 근린생활시설 건물로 용도를 변경해야 할 경우라면, 각 층별 면적에서 주택에 해당하는 면적의 합이 134m^2 이내면 근린생활 시설로 용도변경하는 데 큰 문제는 없다고 보면 된다. 다만 건축사에게 용도변경을 신청하는 데 비용이 들어간다.

토지대장은 면적과 소유자 및 연도별 m^2당 토지가 변동사항이 기재되어 있다. 지적도는 필지 위 경계선이 나뉘어 있는데 현황과 차이가 날 수도 있어 확실히 알고 싶을 때는 대한지적공사에 측량을 의뢰하면 알 수 있다.

토지이용계획확인원은 해당 지번 토지의 도시계획과 용도지역, 용도구역 등 보다 자세한 설명이 기재되어 있다. 건축 행위 여부를 확인할 수도 있으나 도로나 기타 지방 자치단체마다 규정한 사항이 조금씩 차이가 난다. 토지를 구매할 경우 계약을 진행하기 전에 토지 소재지 담당 지역 토목측량사무소에 전화해 본인이 원하는 건축물을 건축할 수 있는 물건인지 확인하고, 도로와 기반 시설을 어떻게 해야 하는지 확인한 후에 진행하면 착오가 없을 것이다. 그 밖에도 지방세 납세증명, 농지대장과 토지제증명 등의 사항을 알 수 있다.

소유자가 누구인지 알아보려면 대한민국 법원 인터넷등기소에서 해당 물건의 지번을 입력해 발급하면, 소유권과 각종 근저당 및 기타 세부 사항을 알 수 있다. 이런 장부는 각종 통계 자료로 활용하거나 세금을 부과하는 기준이 된다. 또 도시기본계획을 알려주거나 건축물 현황에 대해 알려주는 등 다양한 종류가 있다.

해당 물건 소재지 등기부등본을 발급해 소유자가 누구인지 언제 취득했는지, 소유자가 개인인지, 법인인지, 개인일 경우 소유자가 한 명인지, 공동소유로 되어 있는지 알아야 향후 계약서 작성할 때 특약 내용을 어떻게 기재해야 할지 등 여러 가지로 판단을 할 수 있다.

부동산 매매 계약을 할 때는 등기 이전할 때까지를 고려해 특약을 작성해야 하는데, 일반적으로 모든 업무 내용을 알고 처리하는 중개사무소는 얼마 되지 않을 것이다.

필자의 고객 중 공동소유자가 외국인이 있었던 사례가 있다.

　　　　당신도 5년 안에 100억 부동산 부자가 될 수 있다

이럴 때는 잔금일 전에 국세인 양도세를 납부하고 그 영수증을 첨부해 등기 이전을 해야 한다. 필자가 2016년 매매한 건물의 경우였는데, 소유자가 자매와 사위, 장모 등 4명이었다. 매도자 중 캐나다 국적을 가지고 계신 분이 있었는데, 국내 부동산을 매도하고 국외로 자금을 송금할 경우 사전에 양도세를 납부해야 한다는 사실을 모른 채 잔금일에 세무사무소에 들렀다. 국세완납증명영수증을 첨부해 등기한 때도 있다. 만약 계약할 때 양도세를 사전에 파악한 경우 계약금으로 양도세를 납부할 금액이 모자랄 것 같은 지분 소유자가 있다면, 계약금과 중도금 액을 지급하는 조건으로 계약서를 작성하는 것이 중요하다. 또한, 등기 이전 서류를 준비할 때도 양도세납부영수증을 첨부해 달라고 했는데, 본인 생각에 잔금을 받아서 납부하려고 지연하고 있다가 잔금을 받고서 세무서에 납부하러 가는 등 허둥지둥 했던 기억이 난다.

세무와 관련되어 알지 못한 경우 잔금일에 당황할 수도 있으니 사전에 등기부상 소유자의 주소나 소유권자들의 관계에 대해서도 잘 알아봐야 한다. 등기부등본만 제대로 분석이 되면 계약서 작성할 내용의 70% 정도는 이미 끝났다고 봐도 된다. 그만큼 중요하다는 의미다.

공동소유 물건을 매매하거나 매수하려고 할 때는 중개사무소에 말해서 계약 시점부터 소유자들의 지분별로 매매금액을 입금하는 것이 좋다. 하나의 임대사업자로 되어 있는 경우, 대표

사업자 명의로 입금하고, 양도세를 정산한 뒤에 각자 지분만큼 다시 나눠서 갖는 것을 공동소유자들은 극도로 싫어했다.

2011년도 그렇고, 2018년 매매 계약을 할 때도 형제분이 공동 상속받은 물건을 매매했는데, 서로 각자 지분별로 입금해달라고 했고 당연히 그렇게 해드렸다.

그 당시 필자의 중개사무소 문이 양쪽으로 있어서 다행이었다. 잔금 정산이 끝나고 형은 오른쪽 문으로, 동생은 왼쪽 문으로 나가서 자기 집으로 돌아갔다. 식사 한 끼, 커피 한잔하자는 말이 없었다. 돌아가신 부모님이 이런 형제들을 보면 어떤 심정이었겠는가! 부모님이 돌아가시고 건물을 관리해오면서 형제간의 골이 아주 깊어진 경우였다. 이런 일들을 자주 겪다 보니 '자녀들에게 재산을 물려주는 것은 의리를 끊고 살아가라는 말이나 다름없구나!'라고 생각했다. 반드시 공동지분 물건을 매매했을 때는 지분별로 통장에 입금해주는 것을 선호한다.

다음은 토지대장인데, 필자가 아는 중개사무소 소장도 청담동 지역 건물을 매매했는데 측량을 해보니 옆 필지에서 한 평 반 정도 침범해 20년 이상 사용한 문제가 발생했다. 한 평당 몇억 원씩 하는 경우 하자가 발생할 때를 대비해 철저하게 특약을 작성해놓아야 한다. 매매 계약 때 대지 평당 단가를 기재하고 향후 면적의 착오가 발생하면, 매매금액에서 해당 면적만큼 공제하고 측량은 잔금일 전이나 잔금일 이후 몇 개월 이내에 할 것인

당신도 5년 안에 100억 부동산 부자가 될 수 있다

지 등에 대해서 기재하도록 한다.

만약 법인 물건을 매수할 경우 건물분 부가세 부분에 대해 신경을 써야 한다. 해당 법인이 폐업하면 부가세 금액으로 지급한 자금을 미납할 경우, 조기 환급신청을 해도 받을 수가 없기 때문에 사전에 부가세 계산서를 매도인에게 발급받아서 잔금일에 매수인이 납부하고, 영수증사본을 첨부하는 것으로 해야 안전하다.

부가세 금액은 건물가액의 10%에 해당한 금액으로써 향후 40년간 건물 소득이 발생하면 감가상각 적용을 받아도 되고, 양도 때 일괄 공제를 받아도 되니 아무 걱정할 필요가 없다.

지적도는 택지 개발 계획에 의해서 작성된 경우 인공위성에서 촬영해 비교적 착오가 없지만, 강북 구도심은 옛날 건축업자들이 설계도면을 가지고 정확하게 하지 않은 경우도 있다. 집 장사들이 건축해 매매한 주택의 경우, 경계선을 침범해 담장이 있는 경우가 많다는 것을 염두에 두고, 계약서 작성 시 특약을 꼼꼼하게 작성해야 한다.

물론 물건을 중개하는 담당 공인중개사가 알아서 처리해주겠지만, 필자가 거래한 회계사분께서 지난해 자기 거래처에서 건물을 매매하면서 건물분 부가세는 매매금액과 별도라는 것을 기재하지 않아 잔금일에 매도인과 매수인 간 언쟁이 일어났다고 필자에게 조언을 구한 일도 있었다.

같은 중개업 간판을 걸고 같은 영업을 하지만, 이처럼 업무 경험에 따라 차이가 있다는 것을 알아야 한다. 필자 주변에는 우리나라에서 이름만 대면 알 만한 공인중개사가 여러분 계신다.

모두 어떤 착오도 용납하지 않고 살아온 분들이라 거래할 때 더욱 신경을 쓰다 보니 많은 경험을 하게 되었다. 이것이 오히려 독자분들에게 도움을 줄 기회가 된 것이다.

토지이용계획확인원은 토지의 현재 공시지가는 물론, 지목과 용도지역과 용도구역 등 현재 해당 필지에 대해서 건폐율과 용적률까지 상세하게 설명되어 있다. 그러나 일반 고객들이 그 조례와 법조문을 보고 이해하기가 쉽지 않다. 그러므로 필요한 사항은 해당 구청 담당자에게 문의하면 친절하게 설명해줄 것이다.

당신도 5년 안에 100억 부동산 부자가 될 수 있다

건물 매수 전 필수 체크리스트

도심에서 건물을 매수하려고 할 때는 최근에 오픈한 중개사무소 방문은 자제할 것을 권한다. 왜냐하면 물건 확보가 어렵고, 좋은 물건을 매도인으로부터 받아 놓을 확률도 아주 낮기 때문이다.

외부에서 낯선 지역의 매물을 찾으려고 방문할 경우 중개사무소 간판을 보면, 몇 년 정도 중개사무소를 운영했는지 대강은 알 수 있다. 즉 내가 구하고 싶은 물건 종류에 따라 시간을 절약하는 방법에 대해서 필자가 설명해드리겠다.

소형빌라의 매매나 전월세 혹은 임대사무실이나 상가 등은 중개하는 데 어려운 물건이 아니므로, 개업한 지 얼마 되지 않은 중개업소에서도 충분히 거래할 수 있다. 필자가 2006년 오픈했을 때는 손님이 건물을 매수하러 오신 분인지, 매도하러 오신 분인지 판단하기가 어려웠다. 왜냐하면 중개사무소 주변 건물주들의 얼굴을 모르기 때문이다. 그래서 고객들이 마음대로 필자에게 역으로 질문을 해왔다.

한참 후에 알게 되었지만, 건물을 매수하고 싶은 분들은 매매 상담을 하면서 현재 평당 어느 정도 금액인지 물어보고, 매도할 경우 평당 얼마 정도면 매수하는지 알려달라고 했다. 이분들은 '매수한다고 하면 가격을 높게 부르고, 매도한다고 하면 낮춰서 말하겠지'라고 생각하며 중개사무소를 방문했던 것이다.

필자의 경우 도심지에 있어서 매수 고객들이 주변에 거주하시는 분들이 많다. 그래서 처음 중개사무소를 방문하신 분들도 이 근처에 다른 중개사무소는 자주 가봤지만, 이곳은 처음 들렸다고 말하는 고객도 있었다.

건물 매수를 문의하기 위해 K고객 부부가 중개사무소를 방문했다. 자기 자금이 얼마나 되는지 여쭤보니 상당히 난감해하면서 우선 주변 매물의 가격을 먼저 알려달라고 했다. 당연히 자기들의 자금 상황을 알려주기 싫은 경우인데, 처음부터 말하지 않은 것은 필자와 신뢰감이 형성되지 않았기 때문이다.

한참 동안 필자가 거래했던 물건들과 경험을 말하자 그제야 본인들의 거주지와 아파트 보유 현황과 공동담보로 활용할 만한 물건을 가지고 있다고 말해주었다. 부인의 말에 의하면 남편은 건물을 사려고 부동산 투자 관련 책을 수십 권은 읽었을 거라고 했다.

그런데 그 고객분이 왜 건물을 사지 못하고 이렇게 가격이 급등한 후에 오셔서 다시 물건을 사려고 하는 것인지 여쭤보니, 언젠가 가격이 내려갈 것이라고 생각했는데 계속 올라가고 있어서 매수를 결정하지 못했다고 했다. 그러나 언젠가는 꼭 사야 하니까 지금 방문했다고 말했다. 아무리 책을 많이 읽어도 고객의 마음을 꿰뚫어 보는 공인중개사를 만나지 못하면 시간만 낭비하고 다니게 된다. 필자가 K고객을 조금만 일찍 만났더라면 어떻게 되었을까?

서울시의 경우 단독필지가 약 40,000필지 정도 된다고 한다. 그런데 필자의 주변만 봐도 연세 드신 건물주들은 보통 단독필지를 2~3개 갖고 있지만, 사업을 했거나 일찍 부동산에 관심을 가지신 분들의 경우 단독필지를 10개 이상 가지고 계신 분들도 가끔 있다. 단독건물이 부동산 투자의 정점이라는 것은 이미 다 아는 사실이다. 서울시의 인구가 1,000만 명 정도인데 단독필지가 40,000필지 정도 된다는 사실을 보면, 앞으로 단독필지 위에 건축된 물건들의 수요가 국민소득이 증가함에 따라 계속 올라갈 것은 분명한 일이다. 아파트나 주상복합의 경우 기부채납이나 정부의 공공사업 용지 확보로 얼마든지 추가로 부지를 확보하거나 용적률 인센티브를 받아서 주택 수를 늘려 건축할 수 있다. 그러나 단독필지는 생산되는 재화가 아니기 때문에 그 가치가 점차 증가할 것이라고 확신한다.

현재는 가격 급등과 고금리 때문에 일시적 보합 상태로 시장이 지속하겠지만, 향후 경기가 회복되면 수요가 뒷받침될 것이다. 이런 설명을 하고 싶어도 처음 오신 고객이 받아들이기 힘들다는 것을 안다.

초등학교 학생에게 대학생 수준의 내용을 설명하기는 쉽지 않지만, 본인이 기본적인 사항을 알고 오면 이해가 쉽다. 생각이 바뀌면 어떤 설명을 해줘도 스펀지처럼 받아들이기 시작한다. 이런 시점이 바로 신뢰감이 형성된 후다.

필자는 K고객에게 궁금한 것이 있으면 뭐든지 다 적어서 다시 오실 때 물어보고, 확신이 서면 건물을 매수하면 된다고 했다. 자금이 부족하면 그에 맞게 매수할 만한 물건을 찾든지, 아니면 임대보증금을 인상해 잔금을 한 사례도 설명해드렸다. 우선 건물을 매수하기 전에 유연성을 가지고 건물을 찾아야 한다고 말씀해드렸다(이 부분은 필자가 '4장 05. 유연한 사고로 건물주가 되어라'에 자세히 설명해놓았다).

그리고 중요한 것은 건물을 매수할 순수한 자기 자금이 얼마인지 정확하게 1,000만 원 단위까지 파악하고 있으면 더 좋다. 그래서 매물로 나온 부동산의 감정평가를 받아 담보 대출금액과 금리를 알아보고 큰 차액이 나지 않으면, 기존 임차인들의 임대기간을 파악해본다. 그 뒤 신규로 계약한 분이나 기존 임차인들의 재계약이 잔금 전에 도래할 경우, 보증금액을 인상하는 방법을 사용한다. 그렇게 가능하면 매수를 진행하면 된다.

이렇게 해봤는데 약간의 금액이 부족할 경우, 대출받을 은행의 담보대출 외에 추가로 10년 거치 원리금 분할 상환이라는 상품을 활용해 추가 자금을 만드는 방법도 있다. 이 방법을 사용할 경우 건물에서 나온 임차료를 사용하지 않고, 매수자가 현재 경제적 수입으로 생활을 할 수 있고 임대료에서 추가로 은행에 원금을 분할 상환할 수 있는 여건이 되어야 가능한 방법이다. 자금이 일시적으로 묶여 있는 경우에도 사용할 수 있는 방법이다.

그다음에는 등기부등본상 소유자들에 대해 앞서 말한 매매가 확실한 물건을 찾는 방법 8가지 중 4가지 이상 조건에 해당한 물건인지 확인해본다.

그리고 건축물대장을 발급받아서 현황과 차이가 있는지 알아보고, 불법건축물이나 위반건축물로 기재된 사항이 있는지 체크해야 한다.

만약 불법사항이 발코니 확장이어서 몇 년간 과태료를 납부하는 경우라면, 중개사무소 소장에게 말해서 잔금 전에 원상 복구해주는 조건으로 계약하면 된다.

1층 가게 출입구 위로 차양을 설치하거나, 주차장을 테라스로 활용해 건축물대장에 불법으로 기재된 경우, 1층 임차인의 계약서 내용상 과태료를 누가 책임지고 있는지 확인한 다음 결정한다.

항상 건물을 안내받고 마음에 드는 건물이 있으면, 옥상으로 올라가서 옥상 관리 상태 및 방수시설이나 배수시설 등이 제대로 잘되어 있는지 확인해야 한다. 옥상에 에어컨 실외기가 설치된 경우라면 실외기 아랫부분에 방수하면서 에폭시 공사를 어떻게 했는지도 봐야 한다. 그리고 맨 위층부터 걸어 내려오면서 누수 흔적이나 금이 있는지 확인해야 한다.

건물을 매수하고 나서 제일 스트레스받는 것 중 하나가 바로 누수 문제다. 아주 미세한 틈만 있어도 비가 들어오기 때문에 신경을 쓰면서 건물의 누수 흔적을 잘 봐야 한다.

그리고 각 층별 화장실의 내부 상태를 보면서 리모델링이 필요한 경우인지, 계속 사용 가능한 정도인지 확인해야 한다. 임차인들이 사용하기 힘들겠다는 생각이 들면, 매수 후에 리모델링 공사비용을 책정해 공사해야 한다.

건물을 매수하기 전에는 일단 소유권에 대해서 다툼의 여지가 없거나 확실히 매매할 수 있는 물건이면, 자기 자금을 체크해보자. 그리고 가능하면 건물을 두세 번 정도 낮과 밤에 돌면서 주변의 상권을 알아봐야 한다. 대부분 건물주는 매매로 소문나는 것을 싫어하기 때문에 조용히 처리해주길 원한다. 그래서 주변 사람들이나 심지어 건물 관리소장에게도 매매한다는 이야기를 하지 말라고 하는 건물주들도 있다. 이렇게 비밀작전처럼 진행되다 계약하고 중도금을 받은 후에 매매되었다는 사실을 임차인들에게 알려주는 것이 업계 현실이다.

그러니 건물을 매수하러 온 것처럼 대놓고 행동하지 말아야 한다. 자칫 잘못해 소문이 나면 다른 중개사무소에서 그 물건을 서둘러 계약하는 경우도 있다. 그리고 매수하기 전에는 부부끼리만 알고 가족, 친구, 지인이나 공인중개사, 건축사들에게도 절대로 건물을 사러 다닌다는 이야기를 하지 말아야 한다. 가장 친한 사람들의 행동은 지금 당장은 달콤한 조언처럼 들리지만, 5년만 지나면 독약이었다는 것을 수많은 사람이 증명했다. '내가 더 잘되어야지. 남이나 형제가 더 잘된 것은 싫다'라는 마음이 사람의 본성이라는 것을 알게 되었다.

그래서 계약 전에 소문을 내거나 내가 건물을 사려고 하는데 "이 건물을 어떻게 생각하냐?"면서 묻고 다닌 분은 그 건물주가 될 자격이 없다고 보면 된다. 오히려 그 건물을 어떻게 활용할 것인지 좀 더 자세한 계획을 세우면, 계약서를 작성할 때 필요한 사항을 특약으로 정리할 수 있다. 그래야 잔금 때 순조롭게 건물을 인도받을 수 있을 것이다. 건물 중개도 어떤 면에서는 사람들이 맞선을 볼 수 있게 해주는 결혼중개회사와 비슷하다는 느낌이 들 때가 있다. 대부분 매도자와 매수자의 성향이 비슷하게 만나는 것을 보면서 느낀 점이다.

필지만 알아도 수익성이 보인다

부동산 물건 중 대지는 생산재가 아니라는 것을 누구나 안다. 그렇지만 아파트나 주상복합이라면 기부채납이나 공개공지 제공 여부에 따라서 용적률 인센티브를 받기 때문에 일반 단독필지와는 구분되어야 한다. 서울 시내 단독필지의 경우 약 40,000 필지 정도인데 서울의 인구수를 생각하면 1,000만 명 정도 거주하니까 약 4% 정도에 해당한다. 그렇지만 가구당 평균 인원을 3인 가족으로 생각해보면 333만 가구 정도다. 서울의 단독필지를 세대별로 나눠보면 전체 가구 수의 약 1.2% 정도에 해당한다. 즉 단독필지 소유 가정이 1.2% 정도라고 보면 될 것이다.

그런데 "왜 단독필지에 대한 인기가 상승하는가?"라고 하면, 국민소득이 올라가면 각 개인이 원하는 공간의 면적이 넓어지고 자유스럽게 행동하는 데 제약을 받고 싶지 않아 하기 때문이다. 과거 국민소득이 몇천 달러였던 시대에는 주거 환경이 열악해 방 한 칸에 자매나 형제가 몇 명씩 거주했다. 하지만 지금은 방 하나에 한 명씩 거주하는 것처럼, 소득수준의 향상은 1인당 주거 면적의 증가와 쾌적한 환경을 선호하게 되어 있다. 집합건물보다 단독건물에 대한 수요가 꾸준하게 상승할 것은 자명한 일이다. 집합건물도 같은 부동산이지만 용적률 완화를 해주거나 종상향을 하게 되면, 어느 정도 아파트나 주상복합건물을 추가로 건축할 수 있는 공산품적인 성격도 있다. 단독필지의 경우 절대적으로 대지 면적을 더 넓히는 방법이 없다. 그래서 필자는 미래에는 단독필지 위에 있는 건물들이 부동산 투자의 최고 정점이 아닐까 생각한다.

동물들의 먹이 사슬에도 최상위 포식자가 있는 것처럼, 부동산도 투자해서 자산이 증가하거나 수입이 증가하면 최종적으로 갖고 싶은 부동산은 역시 단독건물이다. 부자들도 추가적 자금이 마련되면 단독건물을 산다. 건물을 10채 정도 가지고 계신 분들을 보면, 자금이 모이면 결국 규모에 맞춰서 다시 건물을 사는 방식으로 자산을 키워 가고 있는 것을 현장에서 여러 번 경험하고 있다.

그런데 같은 단독필지라도 건축법에 따라서 연면적 차이가 난다는 것을 알아야 한다. 필자는 연면적이 넓은 건물이나 용도지역에서 용적률을 최대한 찾을 수 있는 필지의 위치를 설명하려고 한다.

북향도로가 접한 필지가 가장 좋다. 같은 북향 대지라도 도로와 접한 면이 좁으면 연면적을 최대로 건축할 수 있다. 건물의 세로 면을 길게 건축할 수 있어 좋은 필지라고 할 수 있다.

그리고 같은 북향필지라도 북향도로와 접한 면이 길면 도로 면이 좁은 필지보다는 좋지 않지만, 그래도 동향이나 서향필지보다는 좋다. 이것은 건축법에 일조권의 영향을 받지 않고, 도로 사선의 영향을 적게 받기 때문이다.

그리고 같은 북향도로라도 도로 면적이 넓으면 더 좋다. 이런 넓은 도로는 3종 이상 대부분 2, 3차선 이상 도로와 접한 필지라서 소형건물보다는 연면적 1,000평 이상 건물들이 많다. 소형 건물이 건축된 곳의 부지는 6~8m 이내의 도로가 많다고 생각하면 된다.

필지 위치에 따라 일조권과 도로 사선 제한으로 연면적 차이가 크게 나고, 연면적은 임대료와 직결되기 때문에 결국 임대수익과 관련이 있다. 임대수익은 건물의 가치를 평가하는 데 중요한 역할을 한다. 예를 들어 대지 평수가 같이 70평인데, A건물은 남서향으로 뒤편에 필지가 붙어 있어 건물 연면적이 $494m^2$이고, 다른 B건물은 $680m^2$인 경우가 있다. 이런 경우 5년 보유할 경우 임대료 수입이 어느 정도 차이가 발생하는지 계산해보자.

당신도 5년 안에 100억 부동산 부자가 될 수 있다

대지 면적	필지 위치	연면적	연간 임대료 차이	5년 간 임대료
70평(A)	남서향 도로 쪽	494㎡	90,000,000	0
70평(B)	동향 도로 쪽	680㎡	120,000,000	150,000,000

표에서 보듯이 같은 대지지만, 연면적의 차이로 연간 3,000만 원 정도 임대료 차이가 발생한다. 필지와 도로가 어느 쪽에 접해져 있는가에 따라서 임대료 차이가 발생한다. 이런 부분을 참고해 매도인과 매수인에게 설명해주면서 중개를 할 수 있어야 한다.

5년간 보유하더라도 1억 5,000만 원의 임대료 차이가 나고 장기 보유할 경우 더 많은 시세 차익이 발생할 것이다. 단순히 현재 임대료로 알아본 금액이지만, 매년 5%씩 인상할 경우 임대료 차이가 더 클 것이다.

그렇다면 어떤 필지의 건물을 매수하는 것이 유리한지 독자들이 주변 건물 매매 사례를 가지고 연면적과 비교해보기 바란다. 그래서 필자가 매물을 접수할 때 건물주들에게 자주 상의한 내용이 대지 평수만 가지고 단순하게 매매가를 결정하면 안 된다는 것이다. 건물 연면적과 노후도 및 추가로 비용을 투자해야 할 부분이 많은 건물과 그렇지 않은 건물 매매가는 반드시 차이가 있어야 한다고 말한다. 그래서 매도인을 설득하는 데 가장 힘든 부분이다. 하지만 이렇게 설명하고 받은 매매 물건들은 다른 중개사무소와 차별화되어 물건을 받기 때문에 매매하기가 더 쉽고, 고객들도 합리적이라고 느낀다.

한편 건물 매매로 담보대출을 받으면 RTI를 적용하는데, 임대료는 아주 중요한 조건이 된다. [RTI=월 임대료×12개월/(1.5+대출금리)=○○억 원]으로 계산하면, 대출가능 한도금액을 알 수 있다. 빅데이터에 나와 있는 물건 자료 분석을 하면, 필지가 어디에 위치하는가에 따라서 매매가의 차이가 크게 난다는 것을 알 수 있다. 일반적으로 중개사무소를 방문해 매매 물건의 가격을 여쭤보면, 대부분 대지 평수와 연면적과 층수 정도만 알려주고 건물을 안내하는 경우가 많다.

같은 대지 평수에 연면적이 크게는 70평에서 적게는 20평 정도 차이가 나는 물건도 있다. 특히 2종 일반주거지역에 이런 물건이 많다. 3종 일반주거지역의 물건은 용적률을 풀(Full)로 찾아서 건축한다. 이 지역은 토지가 넓은 도로와 접한 지역이 많아서 용적률을 최대로 찾기 위해 건축사분들이 설계하면서 심혈을 기울이기 때문이다.

이에 반해 2종 일반주거지역의 경우, 지가 상승을 보고 매수했다가 김대중 정부 때 공한지세를 부과한다는 정부의 정책이 발표되자 용적률을 다 찾지 않고 간단한 건물을 지어 과세만 피하려는 지주분들이 있었다. 그런 건물이면 용적률을 다 찾아 건축해 임대료로 수익률을 높이기보다는 향후 양도할 경우 양도세를 절세하기 위해 건축한 물건도 많다. 그래서 같은 입지 조건을 가진 필지라도 건축주가 연면적을 풀로 찾지 않은 경우도 있다. 이런 물건은 해당 필지의 용도지역에 대한 용적률을 최대로 사용하지 않고 건축한 물건들인데, 차후 매수해 증축이 가능한 건물도 있고 불가능한 건물도 있다. 자세한 사항은 건축법과 건물 기본 구조 및 설계 등 건축설계 도면을 보고 알 수 있다.

또 필지의 위치에 따라서 재건축할 때도 용적률 차이가 있다는 것을 알아야 한다. 한편 대부분의 매수자는 코너 건물을 선호하는데 그 이유는 노출도가 좋고, 건축할 경우 주차장 활용도도 뛰어나며 용적률을 최대한 찾기 쉽기 때문이다. 노출도는 건물 임대료에 직접적인 영향을 미친다. 이런 건물을 매도할 경우 환금성이 좋다고 볼 수 있다.

그래서 필지를 볼 때 북향도로에 접해 있으면서 코너 건물이라면 가장 좋은 것이다. 이런 물건을 안내받은 경우는 흔하지 않을 것이다. 소유자들이 임대도 잘 나가고 임차료도 잘 나온 물건이라서 매매보다는 자녀들에게 증여나 상속하려고 하는 경우가 많기 때문이다.

필자의 중개사무소 근처에 사시는 고객분도 부모님이 여러 채의 부동산을 소유하고 있었는데, 필자에게 어떤 건물이 가장 좋은지 가끔 여쭤보러 오셨다. 왜냐하면 언젠가는 증여나 상속을 받을 때를 대비해 충분한 정보를 가지고 싶은 것 같았다.

최근 부모님 중 한 분이 돌아가시고, 입지가 좋은 건물을 공동지분으로 상속받은 고객이 있다. 언젠가 필자의 사무소에 연세 드신 P고객이 오셔서 건물이 몇 채 되는데, 자녀들에게 어떻게 나눠주는 것이 좋은지 여쭤보신 분이 있었다.

필자는 가장 재미있고 나중에 후회하지 않는 방법은 설날 모두 모였을 때 윷놀이를 해서 이긴 사람들에게 먼저 제비뽑기를 해서 건물을 증여하면 좋겠다고 했다. 부모에 대한 감정도 없고, 자신들이 선택한 결과라서 순순히 받아들일 수 있을 것 같다고 제안해드렸다(독자분들의 생각은 어떤지 궁금하다). 서울시의 경우 단독주택 필지가 아무리 많아도 도시 지역에 그것도 역세권이나 상권이 발달한 지역에 자리 잡은 단독주택 필지가 몇 필지나 될까? 아파트 가격처럼 정부의 부동산 세금 정책과 주택 공급정책에 크게 영향을 받지 않은 단독필지의 건물이 부동산 투자자들의 꽃이고, 종착역이라고 감히 말하고 싶다.

소탐대실로 기회를 놓치지 말자

　고객에게 물건을 안내하고 다니다 보면, 대부분 본인들이 가진 자금으로 구매할 수 있는 금액보다 최소 10~20억 원 정도 더 비싸고 큰 건물이 마음에 든다고 한다. 거의 모든 고객이 비슷하게 보이는 반응이다. 자금이 부족해서 현재 본인의 마음에 드는 물건을 매수할 수 없을 때는 자포자기하는 고객이 많다. 필자는 "포기하지 말고 한 번 사다리를 타고 나서 다음번에 매수하는 전략이 좋은 방법이 될 수 있다"라고 말해주고 싶다. 그리고 자기 자금으로 구매 가능한 물건을 소개해드려도 누구나 부동산 거래를 하려고 하면 가격을 조정해주길 원한다. 그렇지만 가격 조정도 쌍방이 이해하는 범위 내에서 조정해줄 수 있는 것이다. 매수자로서는 당연히 많은 금액을 조정하고 싶겠지만, 매도인은 정반대의 생각을 하고 있다. 사람의 성향과 각자의 상황에 따라서 조정이 가능한 경우와 그렇지 않은 경우가 있다. 필자가 이 장에서 설명한 매매가 확실한 물건을 찾는 방법에서 4가지 이상에 해당한다면, 가격을 조정하는 것이 조금 더 쉽겠지만 말이다.

그럴 때는 본인 자금으로 매수 가능한 물건을 사놓고 몇 년 기다리다 보면, 처음 본인이 사고 싶은 건물가만큼 지가가 상승하기 때문에 자산이 증가한다. 그다음에 새로운 건물을 매수하러 다니다 보면, 예전보다 자기가 원한 물건을 매수하더라도 크게 자금이 부족하지 않을 수도 있다. 또한, 은행담보대출 금액도 수시로 변경이 된다는 사실을 잊지 말고 차근차근 준비해나가야 한다.

필자가 H사장에게 소개한 양재동 건물은 40억 원에 매도해달라고 한 물건인데, 소유자가 공동지분 관계라 다소 까다로운 경우였다. 힘들게 38억 5,000만 원으로 가격을 조율했다. 그런데 계약하기로 한 날, 매도인 측 대표이면서 그동안 건물 관리를 해오신 ○○○매도인과 매수인 H사장이 계약서 작성 준비를 하는 동안에 돌발 사건을 일으켰다.

매수인과 매도인을 서로 소개한 뒤 필자가 잠깐 계약서를 작성하는 동안에 매수인이 건물 상태에 대해서 이런저런 부분을 지적했다. 결국은 가격을 5,000만 원 정도 더 조정하고 싶어서 말을 했던 것이다.

그런데 매도인은 공동물건이지만 그동안 본인도 나름대로 자신의 지분과 부인의 지분도 있어서 건물주로서 관리를 해왔는데, 매수인이 관리와 건물 상태에 대한 단점을 지적하자 감정이 상했다. 매도인도 가족들이 보는 앞에서 그런 말을 들어 자존심이 상하고 화가 많이 난 것이었다. 그래서 매도인이 갑자기 중개사무소 밖으로 나가서 필자가 왜 그러시냐고 여쭤보니 "저 사람한테는 우리 건물을 안 팔고 싶다. 다른 사람을 찾아 달라"라고 했다. 왜 그러신지 여쭤봐도 막무가내로 대답은 하지 않고, 무조건 저 사람한테 자기 건물을 안 팔고 갈 테니 다른 사람을 소개하라고 하면서 가족들과 함께 집으로 돌아가셨다.

정말로 어이없는 상황이 된 것이다. 매수인에게 필자가 "가격을 충분히 조정했으니 더 이상 조정해달라고 이야기하면 안 된다"라고 다짐을 받고 계약을 진행했고, 매수인은 그 약속을 지켜야 했는데 본인의 작은 욕심이 화근이 되었다. 습관적으로 항상 자투리 금액을 없애고 싶은 마음으로 추가적인 협상을 하려다가 계약 전체를 망가뜨린 경우다. 그런 분들은 "몇십억 원 하는 건물을 사는데 그까짓 몇천만 원을 못 빼주냐?"라는 말을 한다. 그렇다면 "몇십억 원 하는 물건이라 1억 5,000만 원이나 협상해줬는데 또 5,000만 원이나 더 빼주라고 하나?"라고 매도인이 반문한다면, 본인은 뭐라고 할지 궁금하다. 입장을 바꿔서 생각해보자. 본인이라면 그렇게 할 수 있을까? 그래서 필자는 계약하기 전에 매수인에게 소탐대실하지 말라고 약속했다. 사전에 그렇게 당부를 드렸는데 본인들의 실수로 계약 진행이 안 된 것은 본인의 그

룻 크기가 그 정도밖에 안 된다는 이야기다.

이 건물을 사지 못한 H사장은 5년도 지나지 않아서 자신이 그 건물을 사지 못한 것을 크게 후회했다. 건물 대지가 빗면에 있어서 광대로 쪽에서 1층이지만, 건물 뒤에서 보면 2층과 같아서 사실상 연면적으로 따지면 300평 정도 되고, 뒤편 주차장과 지하 1층은 6m 도로에서 접하고 있다. 이곳은 건축물대장상 지하층으로 되어 있지만, 현황은 1층과 같은 물건이었다. 그래서 장점이 많은 건물이었는데 굴러온 복을 차버린 사례다. H사장은 그 건물 계약을 하지 못했고, 그 후 5년간 부동산으로 인한 자산 증가는 없었다. 만약 5,000만 원을 조정하지 않고 계약을 진행했더라면 6년이 지난 후 그 건물 임대료와 자산은 약 60억 원 정도 증가했을 것이다. 순간적으로 자신의 조건을 내세워 주장을 강하게 하는 바람에 매도인의 감정을 건드려서 계약하지 못한 것이 5,000만 원과 60억 원을 맞바꾼 것이나 다름없게 되어 버렸다.

이와 비슷한 유형으로 인테리어와 명도 비용이 많이 들어간다면서 많이 싸게 해달라고 요구하는 매수자들도 있다. 이런 고객들은 매수할 사람이 자신만 있는 것으로 착각한 경우다. 매도자들 중 여유 있게 천천히 팔고 싶어 하는 분도 많다는 것을 알아야 한다.

그 사건 이후로 필자는 가능한 한 계약할 때 건물 매도인과 매수인을 동석하지 않도록 거리를 두고 좌석을 배치하며, 날인이

당신도 5년 안에 100억 부동산 부자가 될 수 있다

끝나고 계약금을 입금한 다음에 서로 만나서 인사하고 돌아가는 정도만 시간을 드리고 있다. 이렇게 계약을 성사시키는 것이 쌍방을 위한 일이라는 사실을 알게 되었다.

또 한 사례는 2016년 대지 88평, 지하 1층, 지상 4층 남향 건물을 44억 원에 매수해드린 경우다. 이 물건은 본인들이 리모델링한 뒤에 5년 만에 80억 원에 매매를 했는데, 부동산의 경우 최소 5년 정도 매매 타이밍을 길게 가지고 가다 보면 자산 증가가 많아진다. 실제로 임대료 수입과 양도차익을 보면 많은 수익이 나지 않아서 안타깝게 처분한 경우다. 그 고객이 6개월 후에 매매했더라면 평당 1억 1,000만 원씩 받을 수 있는 물건이었는데 너무 조급하게 처리한 결과다. 6개월 후 매도했다면 16억 8,000만 원 정도 높은 금액으로 매매를 진행할 수 있었던 물건이었는데 아쉬움이 남는다.

필자의 경험에 의하면 건물을 매수할 때 조정을 진행하다 건물을 매수하지 못한 경우, 몇 년 지나고 나서 본인들이 크게 후회하는 일이 많다. 그래서 절대로 그렇게 하지 말고 조율할 수 있는 금액까지만 협상하고 더 이상 어렵다고 판단되면 멈춰야 한다. 차라리 다른 건물을 알아보고 매수할 수 있는 물건을 빨리 찾아서 구매해야 후회를 하지 않는다. 매도인의 경우는 금리가 낮은 시점이 매도 타이밍이 되기 때문에 대출금리와 아파트 매매 건수를 보면서 매도 타이밍을 잡아라. 급하지 않으면 7년 이상 보유할 것을 권한다. 매번 정권이 바뀔 때마다 금리가 변동되는 시점이 있고, 경기도 순환 사이클이 있다. 매매 타이밍을 기다릴 줄 아는 투자 방법도 매수 못지않게 중요한 일이다.

그렇지만 건물을 사기 위해서 본인들이 가지고 있는 소형 부동산을 처분해야 하면 매도 타이밍을 급매매로 처리할 수 있는 용기가 필요하다. 항상 모든 거래마다 본인들은 손해를 보지 않고 차익을 실현해야 한다는 고정 관념에서 벗어나야 좋은 물건을 매수할 수 있다.

최근에도 법인 대표분이 사옥용 건물을 찾으러 오셨다. 서울의 재건축아파트 소유자들은 대부분 재건축 결정이 나면 '완전 대박'이란 사고방식에 갇혀 있는 것 같다. 그렇지만 재건축 기간이 생각보다 오래 걸리고, 본인들의 연세와 사회적으로 활동할 수 있는 기한도 고려해야 한다. 정년 후에는 아파트를 팔아서 소형건물이라도 사야 한다는 막연한 생각을 하면서 하루하루 보내고 있는 분들이 상당히 많다. 그렇지만 고기도 먹어본 사람이 먹는 방법도 알고 맛도 안다. 아파트만 가지고 주거로 사용한 분들이 갑자기 건물 임대인이 되려면 많은 의식 변화가 있어야 한다. 그래서 한 살이라도 젊었을 때 건물을 매수하고, 임차인들을 상대하는 경험을 해봐야 본인의 적성에 맞는지, 아닌지를 판단할 수 있다.

필자의 고객 중 개포동 재건축아파트를 처분하고 단독건물을 매수하신 N사모님이 계신다. 필자에게 재건축아파트를 매매하고 단독건물을 매수하는 것이 좋은지 판단을 해달라고 말해서 필자는 당연히 단독건물이 더 장점이 많다고 말씀드렸다.

그래서 재건축아파트를 처분해 단독건물 대지 130평짜리 건물을 매수했다. 그런데 아파트를 매도하고 상당한 기간이 지나서 아파트 가격이 고점을 찍자 필자에게 잠을 잘 수가 없을 정도로 스트레스가 심하다고 하셨다.

필자는 좀 더 장기적으로 보면 더 좋은 선택을 한 것이라고 말씀드렸다. 그러고 나서 아파트 가격이 고점을 찍자 정부에서 대출금 규제 정책이 나와서 매수자가 줄어들어 가격이 떨어지게 되었다.

반면 N사모님이 매수한 단독건물은 올근린생활시설 물건으로, 최근 대지 가격이 평당 1억 500만 원 정도로 거래가 되었다. 그제야 N사모님도 마음의 안정을 되찾았다. 매월 임대료가 2,500만 원 정도 나오고, 지가 상승도 아파트 가액 상승분보다 훨씬 많이 증가했다. 이 고객도 재건축 중인 아파트를 매매하면서까지 단독건물을 매수하려고 할 때 만약 주변 지인들에게 물어봤다면 과연 건물을 살 수 있었을까? 대답은 당연히 못 샀을 것이다.

재건축아파트를 매매하고 단독건물을 매수한 이 사례도 역시 작은 것을 탐하지 않고, 더 큰 그림을 볼 줄 아는 안목으로 투자해야 큰 이익을 낸다는 것을 보여준다.

N사모님은 본인이 아무리 부동산 투자를 많이 했을지라도 '부동산의 꽃'이라고 할 수 있는 단독건물을 매수하려고 할 때는 전문가의 의견을 구하는 지혜로운 분이다. 현명한 투자를 하신 분이면서 판단력과 결정력이 아주 빨라서 남들보다 한발 앞선 투자를 하신 분이다. 본인과 자녀들 명의로 건물을 매수하기 때문에 경매 물건 등은 쳐다보지도 않으신다.

당신도 5년 안에 100억 부동산 부자가 될 수 있다

빅데이터를 활용한
주변 건물 가치 판단하기

10년 전만 하더라도 감정평가법인에서 중개사무소를 많이 찾아왔다. 심지어 양재동 양곡도매시장 토지 보상에 대한 매매가 의뢰를 하는 등 상당한 자료를 중개사무소를 통해 감정평가사무소에서 취합하고, 보상금액 산정 기준을 세우기도 했다. 그러다 시간이 흘러 많은 양의 데이터가 쌓이고 그 자료만으로도 충분히 활용할 수 있게 되었는지, 최근에 감정평가사무소에서 나온 경우는 매매 물건에 대해 대출금액 산정을 위한 감정평가를 하러 다닌 경우가 대부분이다.

2017년 연말쯤 건물을 사려고 했던 C사장님 부부는 빅데이터로 본인들이 원한 지역의 매매 사례를 가지고 분석을 했다. 하지만 아무리 봐도 일정한 규칙과 패턴이 없어서 힘들었다고 필자를 찾아 오셔서 말해주었다. 이런 고객들이 한두 명이 아니었다.

최근에도 필자의 중개사무소를 방문한 J사장님도 부동산 투자 관련 서적을 나름대로 수십여 권 독파했으나 건물주가 되지 못했다. 다주택자 중과세 문제가 확정되자 가지고 있던 아파트를 서둘러서 매매했다. 그런데 그러고 나서 윤석열 정부가 들어서 다주택자 1년 양도세 유예기간을 발표하자 한동안 마음을 추스르지 못했다고 했다. 아무리 훌륭한 데이터일지라도 그 자료를 보고 이용할지 모른다면 사실상 아무런 의미가 없는 것이다.

그렇다면 왜 이런 부동산 관련 자료가 큰 의미가 없는지 그 이유를 알아봐야 한다. 그래야 향후 독자분들이 건물을 매수할 때 참고해 나름대로 기준을 갖고 한 가지 방법이라도 적용해볼 수 있다. 본인이 원하는 지역의 물건에 대한 가치를 판단하는 데 보탬이 될 수 있을 것이다.

먼저 독자가 원한 물건을 기준으로 반경 100m 이내의 물건을 검토해야 한다. 만약 자료가 없으면 200m 정도로 범위를 넓혀서 자료를 찾아봐야 한다.

그다음은 많은 자료가 있더라도 최근 3개월 이내 매매 사례만 참고해야 한다. C사장님의 경우 2017년 겨울에 중개사무소를 방문해서 2011년 매매되었던 자료를 보고 왜 이렇게 차이가 크게 나냐고 의아해했다.

필자는 "6년 전의 매매 사례를 보고 건물을 매수하려고 오셨다면 이런 자료는 아무 의미가 없습니다. 매년 지가 상승률이 5%이니까요. 직장에 다녀도 6년 전과 현재 연봉이 같은가요?" 라고 말씀드렸다. 대형 포털사이트와 각종 거래 사례 자료 사이트에는 건축연도와 건축규모, 임대료와 대지 면적을 가지고 대지 평당 가격과 연면적당 건물가를 분류해놓았다. 그런데 소형 건물을 매수할 경우 대지 평당 가격과 연면적당 매매금액은 중요한 부분이 아니다. 오히려 건물의 위치나 임차인 구성, 환금성 여부와 건물의 상태 및 추가적인 리모델링 비용이 얼마나 필요한지 판단해 가격을 조정하기 때문이다.

그러므로 본인이 원한 지역에서 대지 평수와 건물 규모가 비슷한 물건을 찾는 것이 매매 사례 데이터로 활용하기에 적합하다고 보면 된다.

그다음에는 건축연도다. 한국부동산원에서 매년 건물 신축 단가표 용도별 평균값을 발표한다. 매년 2월에 발표하므로 건물 연면적에 m^2당 건축비용을 곱하면 총건축비용이 나온다. 대부분 건축물의 종류는 철근 콘크리트 건물인 경우가 많다. 철근 콘크리트 건물 내구연한을 20년으로 보기 때문에 매년 5%씩 건물 부분에 대한 감가상각률을 적용하면 건물 잔존가액이 나온다.

그렇다면 어떻게 건물 잔존가액을 결정하면 될까? 한국부동산원에서 매년 건물 신축 단가표 용도별 평균값 기준액을 보면 m^2당 금액이 나와 있다. 여기서 건물 용도별 단가에 연면적을

2021년 건물 신축 단가표 용도별 평균값

용도	공사비(원/㎡)
다가구주택	1,651,588
아파트	1,564,630
연립주택	1,902,800
다세대주택	1,639,088
다중주택	1,680,755
오피스텔	1,641,879
근린생활시설	1,567,446
창고	699,500
공장	867,125

출처 : 한국부동산원

곱하면 건축 신축 단가가 나온다. 이 금액에다가 건축물대장에 나온 사용 승인일을 기준으로 경과 연수를 계산하면 된다. 일반적으로 건물 감가요인으로는 물리적인 감가요인을 주로 사용한다.

예를 들어 대지 75평에 연면적 $680m^2$이고, 건물의 사용 승인일이 2012년 2월 1일인 건물의 매매가액이 75억 원이라고 할 때 건물 잔존가액과 대지 평당가액을 알아보자.

한국부동산원 건물 신축 단가표 용도별 평균값을 2021년 기준으로 맞춰서 계산해보면, 1,567,446원×680=1,065,863,280원이 나온다.

여기에서 건물의 물리적 경과 연수 10년이므로 감가상각률

당신도 5년 안에 100억 부동산 부자가 될 수 있다

50%를 적용하면 1,065,863,280원×50%=532,931,640원이 2022년 건물 잔존가액으로 보면 된다.

총매매가액에서 건축물 잔존가액을 빼고 난 금액을 대지 평수로 나누면 대지 평당가액이 나온다.

7,500,000,000-532,931,640
=6,967,068,360÷75평
=92,894,244원(대지 평당가액)

본인이 원하는 지역의 매매 사례를 가지고 건물가액을 알고 싶으면 이와 같은 방법으로 파악하면 된다. 이렇게 토지가액과 건물가액을 파악하고 나서 해당 지역 매매 물건을 직접 방문해서 본다. 엘리베이터가 있거나 건물 관리 상태가 좋다면, '매수 후에 추가적인 인테리어 비용이 적게, 투자해도 되는 건물이므로 주변 매매시세보다 비싼 금액으로 매매되었을 것이다'라고 판단해도 된다.

건물의 엘리베이터 설치가 준공 후 대수선 공사를 하면서 된 것인지는 건축물대장에서 확인하면 알 수 있다. 추가로 들어간 공사 부분에 대해 건물가액에 합산해주면 된다.

그러나 이렇게 토지가액과 건물가액의 평균적인 매매가액을 파악했더라도 매도자 우위 시장에서는 매도자들이 호가 이상으로 매매금액을 정해놓고 조정해주지 않으므로 큰 의미가 없다.

매도자들도 최근 매매 사례를 몇 개씩 알아보고, 그중 가장 높은 금액으로 매매된 건물가액 이상으로 자신들이 보유한 건물을 매도하려고 하기 때문이다.

　일부 매도자들의 경우 무조건 대지 평수나 건물 연면적 및 필지 위치와 노출도 중 자기 건물의 장점만을 가지고 매도금액을 합리화시키려는 경향이 있다. 이런 건물주는 공인중개사가 합리적인 가격으로 설득해야 한다. 2022년 상반기처럼 자금 유동성이 풍부한 매도자 우위 시장에서는 빅데이터를 이용한 자료를 가지고 건물을 매수하는 데 적용하는 것은 큰 의미가 없다고 판단해야 한다. 다만 건물 매수자 우위 시장이거나, 보합 시장일 경우 어느 정도 참고 자료로 할 수 있다.

4장

건물주 되는
6단계 전략

5년

빠른 결단력이
이기는 투자 전략이다

부동산 중개 현장에서 뛰다 보면 마치 올림픽에서 금메달을 목에 걸기 위해 질주하는 선수 같다는 생각이 들 때가 있다. 고객들은 본인들이 원하는 물건이 다른 중개사무소에 같은 조건으로 나와 있다는 사실을 잊고 행동하는 사람들이 많다.

오직 자신들의 시간에 맞춰서 계약해도 되는 것처럼 여유롭게 행동하기 때문이다. 중개 업무를 하는 사람 입장에서 보면 가장 답답한 고객들이다. 그런 고객들은 몇 차례 본인들이 매수하고 싶었던 물건이 계약하러 가보면 거래되었다는 이야기를 몇 번 듣고 나서 그 후부터 계약에 관한 결정이 빨라진다. 한편 물건을 매도하려는 고객도 마음이 오락가락하는 경우가 많다. 어쩌면 당연한 일인지도 모른다.

최소한 10년 이상 보유하면서 이런저런 추억이 있고 처분 후 양도세와 일부 대출금을 납부하고 나면, 실제로 자기들이 사용할 수 있는 자금은 매매가의 절반 정도 되기 때문이다.

막상 물건을 처분하기로 마음먹고 중개사무소에 의뢰했다가도 일시적 착오로 생각하고 마음을 추스르고 매매를 보류하는 예도 빈번하게 일어나고 있다.

심지어 중개사무소 주변 K고객은 2006년 필자가 처음 중개사무소를 오픈할 때부터 물건을 매매해달라고 의뢰를 했다. 하지만 고객을 모시고 가서 보여드리고 계약을 하자고 하면, 가족 간에 회의를 해보고 결정하겠다는 말을 몇 번 반복했다. 이런 고객들은 자신의 건물 자산 가치를 파악하기 위한 것으로 보였다.

필자도 개업 초기에는 물건이 없는 상태에서 매매를 의뢰한 것만으로 기분이 좋았다. 하지만 그 고객의 성향을 파악한 뒤 최근에는 확실하게 팔 것인지 확인한 다음 매매 후에는 자금을 어떻게 사용할 것인지 여쭤봤다.

K고객은 가까운 실버타운으로 들어가실 거라고 하셨다. 그동안 사모님이 삼시 세끼를 차려주는 것이 힘겨워 보였는지 편안하게 해주고 싶다고 했다. 이런 분들의 물건을 단순하게 매물로 생각하고 중개를 진행하다가는 낭패를 보기 쉽다. 건물 매매를 진행하다 보면 매수인만 갈등이 있는 것이 아니라 매도인도 갈등이 심하다는 것을 알아야 한다. 그렇기 때문에 중개 업무는 매도와 매수 쌍방을 조율해야 가능한 일이다.

매도물건 소유자가 한 분이거나 부부만의 소유로 되어 있으면 비교적 쉽게 매매 목적을 알 수 있다. 하지만 매도인이 다수일 때는 관현악단을 조율하는 것만큼이나 섬세한 컨트롤 능력이 필요하다.

2017년 필자의 중개사무소 앞 대로변에 3종 코너, 대지 122평, D물건의 매도를 필자에게 의뢰하면서 거래가 될 수 있는 금액을 문의하셔서 77억 원을 제시했다. 그러나 이 물건 소유자가 7명이었는데, 부모님들의 친분과 사업적 관계로 양가 자녀들이 공동소유로 된 물건이었다. 그래서 당시 감정평가 법인을 운영하던 소유주가 회사 직원을 보내 건물가액을 알아보러 중개사무소에 왔다 갔다. 그 후 다른 중개사무소에서 D건물을 85억 원에 팔아 주기로 했다면서 필자에게 매매 의뢰를 중단해달라고 했다.

그런데 85억 원을 제시했던 중개사무소에서 건물 관리와 매매를 1년 동안 진행했지만, 지하층에서는 수도 동파가 되어 임차인이 나가게 되었다. 처분하지 못한 기간이 1년이 넘어가자 2018년 소유자 중 2명이 필자의 사무소에 방문해 지난해에 사장님이 말했던 금액보다 조금 더 받아주면 거래하겠다고 했다.

물건을 받고 또 다른 가족 중 대표분이 오셔서 매매금액과 매매의사를 확인한 후에 만약의 경우 소유자 중 한 분이라도 매매에 동의하지 않으면 안 되니까 전체 연락처를 받았다. 차례로 전화를 걸어 매매금액과 매도의사를 확인했다. 녹음이 되는 것이니 확실하게 의사 표시를 해달라고 사전에 말씀드리고 매매 의사를 확인했다.

그리고 나서 며칠 후에 매수하고 싶다는 Y법인 대표가 오셨는데, 3일 후에 홍콩에서 자금이 들어온다면서 계약을 3일 후로 약속해달라고 했다. 그래서 필자는 매도자분들을 중개사무소로 오시게 해 매수자의 자금 상황을 설명하면서 3일만 여유를 달라고 했다. 그런데 3일 후에 매수하겠다는 Y법인 대표가 매도인들이 도착하기 전에 중개사무소로 와서 홍콩에서 자금을 늦게 보내게 되었다며, 다음 주 월요일까지 연기해달라고 부탁을 했다.

하지만 필자는 이미 매도 물건의 매매금액까지 협상해놓은 상태라 이대로 두면 분명 다른 중개사무소에서 거래시킨다는 것을 잘 알고 있었다. 하는 수 없이 긴급으로 한두 군데 자료를 건네주었던 R법인 대표에게 전화를 걸어 매매금액과 잔금 조건 등을 설명했다. 그리고 시간이 촉박하니까 빨리 결정해달라고 토요일에 연락해놓았다.

매도인에게는 반드시 월요일에 계약하도록 할 테니까 걱정하지 말라고 말씀드렸다. 그리고 지방에 계신 매도인도 서울에 와서 매매 계약에 대비해 체류하고 계시도록 했다.

드디어 월요일 아침이 되었고, R대표이사에게 전화를 받았다. 매수의사를 여쭤보니 임원 회의에서 간단한 절차를 진행한 뒤에 계약하기로 했다고 하셨다. 그렇게 해서 매도자와 매수자 중 해외에 체류하신 분과 병원 응급실에 계신 분을 제외하고 나머지 4명이 참석해 계약서를 작성했다.

그러나 매도자 중 병원에 계신 분이 3일 이내로 자녀와 동행해 보완해주기로 약속해놓고, 중개사무소에 와서 언니들과 언쟁이 발생했다. 도장을 찍지 않고 본인이 언니들과 이야기를 하고 싶다고 해 필자가 다른 카페에 가셔서 말씀을 나누고 오시라고 했다.

한참 지난 후에 언니들이랑 함께 오셔서 겨우 날인하는 데 동의해주었다. 그런데 계약하고 나서 2일 정도 지난 후에 매수 의사를 밝혔던 Y법인 대표에게 자금이 도착했다고 계약을 하자는 연락이 왔다. 필자는 죄송하다고 그간 경과를 말씀드렸다.

계속 Y법인 대표의 말을 듣고 매도인에게 한 번은 상황 설명으로 이해시켰지만, 더 기다릴 수 있는 상황이 안 되었다고 말했다.

이렇게 매매를 진행하다 보면 항상 매수할 수 있는 가능 고객들에게 차례대로 매물을 소개하므로 1순위 매수 의사자가 약속을 어기거나 지체하면, 그다음 순위 고객에게 물건을 매수하도록 해야 한다.

10년 이상 건물주와 사귀고 인간관계를 잘해 왔더라도 마지막 매매와 연결하지 못한 경우도 많다. 그렇기 때문에 건물 매매도 마지막 계약 시점에는 여러 가지 변수를 고려하면서 공인중개사가 빠른 판단을 해야 한다. 매도나 매수 고객들도 이렇게 보이지 않는 일을 공인중개사가 진행하고 있다는 것을 알지 못한다. 이런 정도로 고객층을 다양하게 알고 있는 공인중개사를 만나는 것도 행운인 것이다.

이 물건은 76억 3,000만 원, 평당 6,250만 원에 매수해드렸다. 2022년 기준, 주변 매매 사례는 평당 1억 4,600만 원이니까 평당 8,350만 원씩 자산이 증가해 매수 시점보다 100억 원 정도 자산이 늘어났다. 임대료를 제외하더라도 이렇게 부동산은 빠른 결정력이 중요한 요건이 된다.

결론은 건물 매수에 필요한 자금을 만들거나 법인이 구매할 경우, 최소한 이사회 결의가 필요하므로 사전에 준비해야 한다. 그래야 매수 타이밍을 최대한 빠르게 할 수 있다.

당신도 5년 안에 100억 부동산 부자가 될 수 있다

매도자 우위 시장, 매수자 우위 시장일 때의 매수 전략

"경제는 심리"라고 말한 학자들이 많다. 또한 "경제는 살아서 움직이는 생물이다"라고도 말한다. 그만큼 수시로 변동성이 크고 거대한 사이클 속에서 국지적으로 변동하고 있지만, 큰 틀은 벗어나지 못하고 있다는 것을 알아야 한다.

부동산 시장도 매도와 매수 타이밍을 잘 잡고 처리하지 않으면 같은 물건도 많은 금액을 손해 보면서 매매하는 경우도 봤다. 시장에서는 항상 매도자 우위 시장과 매수자 우위 시장, 그리고 일정 기간 조정 기간을 거치면서 가격 상승으로 이어져 왔다.

그러면 매도자 우위 시장에서 나타나는 현상으로는 어떤 점이 있을까? 바로 대출 금리가 낮고, 금리 인상의 시그널이 없는 것이다.

최근 몇 년간 코로나19 팬데믹 이후 각국 정부가 너 나 할 것

없이 자금을 시장에 과감하게 공급하는 정책을 펴다 보니 2021년 하반기부터 2022년 상반기처럼 유동성이 풍부해 현금이 부동산에 유입되었다. 이렇게 유동성이 풍부한 시장에서 매도자들은 수익률도 따지지 않고 매수자 중 원하는 고객들이 나오면 매매한다는 생각으로 시장에 예전 같으면 호가나 다름없는 금액으로 매물을 내놓은 경우가 많았다.

이런 매도자 우위 시장에서 매도자들의 행동을 보면서 중개 실무자인 필자도 '저렇게 비싼 물건을 누가 살까?'라고 생각한 때가 있었다.

실제로 필자가 2018년 초에 계약한 물건의 경우, 매매 계약 하루 전에 1층 근린시설을 보증금 2,500만 원, 임대료(관리비 포함) 200만 원에 임대차 계약을 했다는 이유만으로 매도인은 매매금액을 하루 만에 1억 원을 더 달라고 했다

물론 매수인도 처음에는 황당하다고 말했지만, 상가건물임대차보호법에 매년 5%씩 인상 가능하다고 보면, 4년 정도 임대료를 더 달라는 것과 같은 것이다. 그렇지만 대지 평수가 170평이니까 한 평당 1,000만 원씩만 올라가도 1억 원은 큰돈이 아니라고 설명했고, 매수인도 이런 점에 동의해 계약했다.

그런데 그때 상황 판단이 얼마나 좋았는지 생각해보면 매도인들은 상속 물건을 정리하는 과정에 있어서 가격 조정을 75억 원에서 72억 원으로 한 상태였다. 1억 원을 더 올려도 73억 원이기 때문에 매수인이 소탐대실하지 않고 필자의 의견을 수용

한 것이다. 지금은 대지 평당 8,000만 원은 충분히 받을 수 있는 물건이 되었다. 매수자도 필자의 의견을 듣고 수용한 결과, 지금은 2배의 지가 상승이 이뤄졌다. 만일 감정적으로 처리했더라면 지금은 자기 소유가 되지 않을 수도 있다.

그럴 때는 공인중개사가 전문가로서 거시적인 안목으로 매수자를 설득해야 한다. 단기간에 어제 매매금액을 합의해놓고 오늘 또 다른 말을 하면 어떻게 하느냐면서 따졌더라면 매도인이 매매하지 않았을 것이다. 당연히 매수자는 기회를 놓치고 몇 년 지나서 필자에게 원망할 수도 있다.

이런 상황에서 공인중개사가 어떤 판단을 하고 설명하느냐는 아주 중요한 포인트가 된다. 공인중개사의 한마디에 매수할 수도 있고, 안 할 수도 있다. 하지만 장기적인 관점에서 매수하지 않는다면 훨씬 손해가 크다는 사실을 설명할 수 있어야 한다.

통상적으로 매도자 우위 시장에서 매매가액은 조정이 거의 되지 않은 금액으로 거래가 된다. 이런 물건이 역세권이면서 수익률이 높고, 노출도가 웬만한 경우라면 즉시 매수계약을 해야 한다.

내가 보기에 장점이 많은 건물이라면 남들도 비슷하게 느낄 수 있다. 매도인이 한 번 더 가격을 올려도 추격해서 매수할 고객이 반드시 있다는 사실이다.

필자가 느낀 점은 공인중개사들이 거래된 금액을 알고, 그 범주에서 계약을 체결하려다 실수로 건물을 사드리지 못하면, 5년 후 그 고객이 자산 증가를 하지 못하게 한 것이나 다름없다는 것이다. 조금 비싸더라도 적극적으로 매수를 하면 5년 후에 는 고맙다는 말을 들을 수 있다.

반대로 매수자 우위 시장일 때 나타나는 현상은 대출금리가 높고, 경기가 하강 국면에 있거나 저점에 있을 때다. 이런 경우 지역적으로 나타나는 현상은 공실이 증가한다는 것이다.

특히 코로나19 팬데믹과 같은 사례로 상권이 와해된 지역에 서 광범위하게 나타날 수 있다. 예를 들어 외국인 관광객들에 의해 상권이 활황이었던 지역인 명동 상권, 홍대 상권, 이태원 상권 등은 상권 와해와 더불어 공실이 증가하고 건물 수요가 급 감했다. 한때는 물건을 소개해도 거들떠보지도 않은 상황이 된 때도 있었다.

이런 시장에서 매매가 확실한 물건을 찾는 방법을 적용해보 고, 그다음으로 현장을 방문해 역세권으로부터 퇴근 시 동선 이 제일 많은 곳에 있는 건물을 찾는 게 중요한 포인트가 된다.

아무도 쳐다보지 않을 때. 즉 매수자의 발길이 뚝 끊어졌을 때 건물을 매수하러 다녀보면 매도자분들과 가격 조정은 물론, 잔 금일 조정과 불법건물 해결문제 등 매수자가 여러 가지 면에서 협상하기가 유리한 경우가 많다.

이렇게 매수자 우위 시장일 때는 단기간에, 본인이 원한 지역 에 많은 물건을 찾아본 뒤에, 물건에 대한 하자 여부 및 기본 공 적 장부를 확인하고 문제 소지가 없는 물건이라고 판단되면, 빨

당신도 5년 안에 100억 부동산 부자가 될 수 있다

리 매수계약을 체결해야 한다.

이런 매수자 우위 시장에서는 환금성과 접근성, 그다음에 수익성을 고려해보고 직접 사용할 경우라면 대지 면적이 넓은 건물을 사야 한다. 경기가 회복 국면에 진입하면 시장은 급속하게 다시 지가 상승으로 이어진 경우가 많다. 그러나 요즘처럼 건축 자재비용의 인상으로 신축할 계획을 세울 수 없을 경우는 연면적이 넓은 건물을 매수해 리모델링을 적극적으로 검토해봐야 한다.

일반적으로 경기 흐름은 사인곡선처럼 일정한 파동으로 곡선을 그리면서 우상향으로 이동한다. 부동산은 17년 주기로 움직인다는 말이 있다. 요즘처럼 지구가 하나의 거대한 경제시스템에 의해 움직이고 있다는 것을 체감한 적이 많지 않을 것이다.

코로나19 팬데믹으로 세계 여행산업계가 송두리째 파괴되었고, 러시아와 우크라이나 전쟁으로 밀과 LNG 가격이 폭등했다. 유럽과 전 세계 경제가 흔들리고 있는 것이다.

그런 거대한 지구촌 경제 사이클 속에서 정부의 부동산 정책과 한국은행 기준 금리 변동 및 정부의 부동산 세금정책과 관련해 민감하게 반응한 것이 바로 부동산 시장이다. 세계 경제가 원활하게 돌아갈 때는 기업도 투자를 늘리고 인원도 채용하면, 개인 소비와 지출이 늘어나고 기업과 자영업자들도 자금이 축적된다.

그러나 어떤 경제 상황이 오든 인간은 극복해왔다. 그리고 과거보다 축적된 노하우를 가지고 진보된 방향으로 진화되었다. 그래서 가계 소득이 증가하면 주거 공간에 대한 확장 욕구가 생기면서 자연스럽게 더 좋은 환경의 부동산 소유 욕구가 증가하게 된다. 독자분들도 기존 주택을 가지고 있으면서 더 많은 자금이나 수입이 생기면 임대수익이 나오는 건물이나 소형상가 및 주식 등에 투자해 자산을 증가시키려고 할 것이다. 이렇게 자금이 어느 정도 축적되고 경기가 회복되면, 이런 고객들에 의해 소형건물의 매수 수요가 시장에 나타나게 된다.

그래서 부동산 건물에 대한 수요는 경기변동과 대출금리, 총통화량과 정부의 부동산 세금 정책에 따라 매도자 우위 시장과 매수자 우위 시장으로 반복되면서 시장이 움직인다.

법인들은 필요 때문에 건물을 구매하고, 개인들의 경우는 자금을 모아서 최종적으로 단독건물을 매수하는 경향이 강하다.

매도자 우위 시장일지라도 환금성과 입지가 좋은 물건이라면 5년 후에 새로운 부동산 사이클이 기다리고 있다고 생각하고 적극적으로 매수를 해야 한다. 이 점을 강조해서 말하고 싶다. 지금 이 어려운 순간이 영원히 계속 지속하지 않는다는 점을 인식해야 앞으로 전진할 수 있다.

당신도 5년 안에 100억 부동산 부자가 될 수 있다

매수자의
필요 충분 조건

매수자는 목적이 명확해야 한다. 또한, 건물을 매수할 때 동원할 수 있는 자금 규모가 파악되어 있어야 한다. 막연하게 아파트를 팔고 나머지 금액은 대출받아서 건물을 사려는 생각으로 오시는 분들이 많다. 이런 분들은 아직 발등의 불이 떨어지지 않은 상황(정년퇴직이나 명퇴를 말함)이라서 매수자들은 "아직 시간은 여유가 있다"라고 말한다.

하지만 아파트에 거주하는 것이 편리하고, 장기 보유한 아파트는 이제야 재건축 이야기가 나온다. 고객들은 지금껏 오른 것보다 재건축 결정만 나면 몇억 원이 금방 더 오를 것이라는 희망의 끈을 붙들고 싶어 했다.

2018년 필자의 중개사무소에 남편의 정년퇴임이 얼마 남지 않았다면서 강남 대치동 S아파트를 보유한 P부부가 오셨다.

남편분도 이제 정년퇴임을 앞두고 '노후에 조그마한 건물을 하나 사서 거주와 임대를 해볼까?' 하는 생각으로 방문하셨다. 그런데 그 부인의 경우 엘리베이터가 없는 건물에 리모델링을 한다고 해도 4~5층까지 매일 걸어 다닌다는 것을 상상하기도 싫어했다. P부부는 자신들이 보유하고 있던 대치동 50평대 S아파트처분 가격을 24억 원 정도로 예상했다. 그 당시 대지 70평에 연면적 200평 규모의 소형건물 가격이 평균 35억 원 전후였다. 그리고 이때 보증금이 최소한 주인 세대가 거주하고 2억 원 전후였다. 그렇다면 2018년 소형건물을 매수하기 위한 자금을 단순하게 계산해보면, 아파트를 처분하고 나서 임대보증금을 공제하고 나면, 실제로 필요한 추가 자금은 잔금 일부 및 취득세와 중개수수료, 리모델링 비용만 은행에서 대출받으면 가능했다. 대출금액은 약 13억 원 정도면 충분했다.

그런데 문재인 정부 마지막 시점부터 은행 대출금리가 오르기 전까지 강남 아파트 가격뿐만 아니라 전국의 모든 아파트 가격이 많이 올랐다. 2022년 6월, 대치동 S아파트의 가격은 39억 원 정도에 거래되고 있었다.

매수자 우위 시장으로 분위기가 바뀌었다. 필자의 중개사무소 주변의 70평대 소형건물 매매가는 65억 원에서 77억 원 전후로 올랐다. 그렇다면 P부부가 2018년 필자가 권유했던 상가주택을 매입했더라면, 순수한 대출금으로 약 13억 원 정도만 받았을 것이다. 그렇지만 2022년 기준, 같은 조건에서 70평대 소형건물을 매수할 때는 매매가를 70억 원으로만 예상하더라도 대출금액으로 29억 원 정도를 받아야 가능하게 되었다.

대출원금 29억 원에 대한 이자와 13억 원에 대한 이자는 2배 이상 차이가 나기 때문에 사실상 P부부는 필자 주변의 소형건물을 매수할 타이밍을 놓친 것이나 다름없다. 그래서 매수 타이밍은 각자의 연령과 생활 습관 및 결단력에 따라 확연한 차이가 있다.

일반적으로 아파트는 정부의 대출 규제와 주거용 부동산 공급 정책 및 수요에 따라 가격이 결정되는 공산품과 같은 것이다. 하지만 소형건물은 임대 현황과 건물 구조 위치 등 다양한 변수가 있기 때문에 획일적으로 매매가를 결정할 수 없다.

같은 대지 평수라도 입지에 따라 연면적의 차이가 크게는 40평까지 나기 때문에 수익률도 각각 차이가 난다. 매수자의 기호에 따라서 높은 매매가라도 본인들이 원하는 입지와 조망권이나 도로 환경 등을 종합해서 결정되기 때문이다.

실제로 필자의 중개사무소 주변, 같은 2종 일반주거지역 물건이라도 입지에 따라 대지 평당 매매가가 1억 2,680만 원과 9,154만 원에 거래되는 물건도 있다.

아파트의 경우 로열층과 뷰가 중요하고 내부 인테리어 정도에 따라 가격이 결정되지만, 소형건물의 가격은 아파트와 다르다. 필자는 '아파트를 보유한 P부부가 2018년 매수했다면 참 좋았을 텐데…' 하는 아쉬움이 들었다.

2022년 6월 꼬마빌딩을 매수한 H사장님의 경우, 부인의 적극적인 협조가 있었다. 엘리베이터가 없는 건물 4~5층에 입주해 거주하기로 부부가 약속하고 과감히 아파트 생활을 정리했다. 지금은 리모델링을 준비하면서 단기간 거주하는 곳으로 거처를 옮겼다. 자녀들도 이런 상황을 이해하고 있다. 조금 불편하게 생활을 하더라도 장기간 힘들지는 않으니, 서로 참고 기다리면 가능한 일이다.

그다음은 매수 후 리모델링과 입주 여부도 사전에 중개사무소 소장에게 말해줘야 한다. 사옥으로 사용할 경우 실사용 면적이 몇 평 정도 필요한지 알려주고, 입주 시점이 언제인지를 알면 물건이 접수되었을 때 빨리 물건을 소개받을 수 있다. 그러므로 중개사무소에 방문할 때는 매수 목적 및 본인들의 요구 사항과 필요한 정보를 많이 알려줘야 한다.

필자가 중개사무소를 운영한 내내 건물을 매수하러 오신 고객들의 한결같은 질문은 앞에서도 언급했지만 바로 이것이다.

"지금이 꼭짓점이 아닐까요?"

필자는 어떤 부분에서 꼭짓점이라고 생각하는지 여쭤본다. 대부분 가격이 너무 비싸다는 느낌을 받거나 경기 예측이 불투명한 경우, 막연히 자신들의 자금으로 매수할 만한 물건이 없는 것에 대한 불만의 표시라고도 생각한다. 하지만 지금이 꼭짓점

당신도 5년 안에 100억 부동산 부자가 될 수 있다

이 아니냐고 생각하신 고객분들은 획일적인 사고로 물건에 대해 가치를 판단하는 것이다.

시장은 경제학에서 말하는 것처럼 모든 고객이 합리적이고, 이성적으로 생각하고 판단한 다음에 움직이는 것이 아니다. 오히려 감성적이고 직관적으로 결정을 한 후 이성적인 생각으로 올바른 결정을 했다고 합리화한다. 일부 고객들은 자신들이 원하는 금액보다 20~30억 원 더 비싼 건물이 마음에 들어서 그런 건물을 매수하기도 한다.

이성적인 두뇌를 가지고 논리적인 사고를 잘하는 남성 고객들이 결정하기 힘들어한 이유도 있다. 어느 때는 감성적이고 직관적인 여성 고객이 부동산 매수 결정을 더 빨리하기도 한다.

어떻게 보면 남성 고객들은 기존에 이성적이고 논리적으로 살아온 관성 때문에 결단을 내리기 힘들어한다. 여성 고객들이 힘들어하는 것은 변화를 주는 것보다는 우선 편안함을 좋아하기 때문이다.

필자의 경험상 남성 고객들이 주도적으로 건물을 매수하는 경우는 법인 사업체를 가진 대표이사 몇 분 정도다. 나머지는 여성분들의 의견이 많이 반영되어 건물 매수 여부가 결정된다.

2011년 A고객이 오셨다. 사업을 하던 남편분 회사에서 월 임대료를 1,800만 원 정도 내고 사용하고 있다고 했다. 그 정도 임대료라면 건물을 매수할 때 대출금 40억 원 이상 이자를 부담하고 남는 금액이었다.

그래서 당장 건물을 매수하는 것이 좋겠다고 설명해드렸다. 그러나 남편을 설득하는 것이 너무 어렵다고 하셔서 시간이 날 때 필자와 만나게 해달라고 했다.

어느 일요일에 전화가 와서 가까운 식당에서 A고객의 남편과 함께 셋이서 저녁 식사를 하면서 대화를 나눴다.

월 1,800만 원 정도 임대료를 내면, 1년이면 2억 원 이상의 임대료를 지불하게 되는 셈이다. 그렇지만 건물을 개인 소유로 사서 자기 법인에 임대하면 기존 남에게 주었던 임대료가 대표이사 본인이나 가족 수입으로 들어오니까 걱정할 필요가 없다. 대출금에 대한 이자는 종합소득세에서 모든 비용을 처리해준다고 말씀드렸다.

A고객의 경우 서울 근교 아파트를 보유하고 있고, 다행히 해당 지역은 매매가를 조금 조정해주면 즉시 거래가 되니까 걱정하지 말고 건물을 매수하시는 것이 좋겠다고 말씀드렸다. 그다음 날 A고객은 찾아오셔서 남편분이 매수 여부를 알아서 하라고 하셨다는 말을 전했다.

그런데 계약금으로 3억 원 정도밖에 없다고 했다. 당시 매매가가 53억 5,000만 원이어서 최소 5억 원 정도의 계약금을 준비해야만 했다. 하지만 필자는 건물주를 만나 53억 5,000만 원으로 계약서를 작성하고, 오늘은 3억 원을 계약금으로 입금하고 15일 이내 나머지 2억 원을 입금하면 계약이 성립하도록 특약을 작성하면 된다고 설명했다.

당신도 5년 안에 100억 부동산 부자가 될 수 있다

그러나 이번에는 매도인이 "53억 원 이상인 건물을 사려고 온 고객이 5억 원도 없이 어떻게 건물을 살 수 있냐?"라고 해서 퇴근하고 사모님과 상의해서 다음 날 연락하기로 했다. 그리고 그 다음 날 필자가 설명한 조건으로 계약을 진행해드렸다.

지금 그 건물은 대지 평당 1억 5,000만 원 정도로 매매가가 형성되어 있다. 매수할 때보다 대지 평당 가격이 3배 정도 상승했다.

150억 원 정도의 건물을 A고객과 남편 명의로 매수해 본인들 법인에 임대하고 있다. 단순히 매수 시점에서 11년이 지난 후 주변 거래 가격 차이만 봐도 건물과 토지에서 100억 원 정도 자산이 증가했고, 매년 임대료로 약 2억 원 정도 수입이 발생하고 있다. 임대료 수입만 계산해도 세전 22억 원 정도다.

만약 건물을 사지 않고 임차인으로 사업을 계속했을 경우 건물 차액 100억 원과 임대수익 22억 원은 그 부부와 인연이 없었을 것이다. 이렇듯 부부가 서로 설득하기 어려우면 공인중개사에게 도움을 요청해도 좋다. 이렇게 매수해서 자산 증가를 이룬 사례도 있다. 이런 자세로 물건을 보러 다녀야 좋은 물건을 놓치지 않는다.

중요한 것은 고객과 공인중개사 간에 신뢰 관계를 형성하는 것이다. 자신의 전 재산을 한 건물에 올인한 고객의 입장에서 자기 확신이 없을 때는 누군가 신뢰할 만한 사람의 도움을 받아야 한다. 그래서 전문가에게 조언을 구하는 자세가 필요하다.

내 자산은
지금 얼마나 되는가?

    지나가는 사람들에게 "당신의 자산은 얼마나 되는지 아십니까?"라고 묻는다면, 어떤 반응을 보일지 궁금하다. 부동산을 구매하려는 입장이라면 "당신의 자산은 얼마인가?"라고 물을 때 쉽게 자신이 가지고 있는 현금 자산을 말할 수 있어야 한다. 그런데 자산이란 단순히 현금만 자산이 되는 시대는 아니라는 점을 기억해야 한다. 정보가 나의 소중한 자산인 시대가 되었다는 말은 많이 들어서 알 것이다. 부동산도 역시 정보가 중요한 자산이라고 해도 과언이 아니다. 고급 정보일수록 가치가 크다고 할 수 있다.

    그러면 내 자산이 10억 원일 때 얻을 수 있는 정보와 50억 원 이상일 때 받는 정보는 얼마나 차이가 날까? 투자자를 유치해야 하는 회사에서는 사활을 걸고 자산가들을 유치하기 위해 최선을 다할 것이다. 그런 고급 정보일수록 개발 계획이나 정부 주도형 계획이 많을 것이다. 그러나 최근 각 시도별 도시 기본 계획이 세워져 있어서 과거처럼 터무니없는 부동산 사기를 치는 일이 쉽지 않다.

그리고 정보가 그만큼 많이 공개되어 있어서 일반인들도 일정한 시간을 투자해 관심 분야에 집중하다 보면, 전문가 수준은 아니더라도 나름대로 판단 기준이 생겨서 상대방의 말을 듣고 진의를 판단할 수 있다.

시간이 여유로울 때 필자의 중개사무소를 방문했던 고객들은 충분히 자신들의 자산을 이야기한 뒤에, 건물을 매수하기 위한 자산이 얼마인지 여쭤보면, 아무런 부담 없이 모두 이야기를 해주는 편이다.

이런 고객들에게는 향후 매물이 확정되면, 대출금을 은행에 알아본 뒤 임대보증금과 임대료를 파악해주는 것이 중요하다. 그러면 고객들은 건물 매수를 위해 본인의 순수 투자금액이 얼마인지 알려주는 진성 고객이 된다. 중개업을 하는 입장에서 물건을 수배해서라도 꼭 매수하도록 도와주고 싶은 고객이다.

2017년 필자의 중개사무소에 방문해 궁금한 모든 사항을 물어보고 가신 C사장님은 본인 자금과 7개월 후 나올 6억 원 정도 추가 투입이 가능한 자금을 말해주었다.

그래서 필자가 알아봐준 지역 물건을 보고 나서 계약하고 싶다는 의사를 보였으나 매도인의 마음이 변해서 계약해드리지 못했다. 그다음 해까지 C사장님 부부는 뱅뱅사거리 블록부터 대치동까지 6개월 정도 중개사무소를 다녔는데 물건이 없었고, 필자처럼 "상세히 설명해준 사람을 만나지 못했다"라며 다시 연락이 왔다.

다행스럽게 부모님께서 아파트 담보대출을 받아서 본인의 자금보다, 추가로 매수 비용이 드는 물건이라면 7억 원 정도 지원해줄 수 있다고 하셨다고 말했다. 자기 자금과 부모님이 지원해줄 금액까지 합하면 순투자금이 20억 원에 근접했다. 그래서 매수금을 50억 원까지 해보려고 하니 물건을 수배해달라고 연락이 왔다. 순투자금 20억 원으로 최대 50억 원 정도 물건까지 매수할 수 있는 자금 여력이 생겼다.

그러던 어느 날, 3호선 전철역에서 3분 거리인 근생건물 급매물이 필자에게 접수가 되었다. 필자를 만난 지 7개월 이상 지나서 본인이 건물을 보는 노하우가 생긴 후에 물건 자료를 받은 것이다.

그래서 C사장님은 필자가 건네준 기본 자료를 목요일 오전까지 검토한 뒤 그날 오후 필자에게 전화를 해왔다. 본인이 바빠서 나갈 수 없으니 어머님에게 먼저 건물을 안내해달라고 부탁했다. 점심 식사 후 C사장님의 어머님을 만나서 옥상부터 지층

당신도 5년 안에 100억 부동산 부자가 될 수 있다

까지 물건을 안내해드렸다.

어머님도 건물 전체를 안내받고 "건물이 좋아 보인다"라고 하시며, 단점이 무엇인지 문의하셨다. 그래서 "최대한 빨리 계약해야 하는 게 단점이다"라고 말씀드렸다. 그리고 퇴근 후 C사장님 부부가 보고, 그날 밤 9시에 매수 의사를 밝혔다. 그리고 다음 날 금요일 오후 계약을 체결했다.

매도인은 부산 분이라서 열차를 예약하고 최대한 이른 시간에 맞춰서 계약한 것이다. 이런 사례는 자녀들이 부모님과 충분한 의사소통을 하고 있었던 경우다. 이렇게 부모님들이 적극적으로 나서서 도움을 줄 수 있는 경우는 흔하지 않다. 그리고 매수자도 사전에 법인 설립을 준비하도록 권장했던 필자의 말을 이해해 서류 준비를 해놓았다. 덕분에 해당 물건을 매수하면서 본인들이 원한 자금을 은행에서 충분히 대출받을 수 있게 된 것이다. 결정적으로 매수 기회를 가지게 된 것은 다음과 같은 요건이 충족되었기 때문이다.

첫째, 자기 자금에 대한 유연성이다(부모님의 지원을 받을 수 있다는 정보를 필자에게 전해준 사실이 물건을 수배하는 데 아주 중요한 점이다. 그만큼 물건을 수배할 수 있는 범위가 넓어질 수 있다).

둘째, 건물 가치를 평가하는 기준을 가지고 있던 것이다(본인이 궁금한 것을 필자가 사전에 충분히 알려드린 정보를 가지고 판단할 수 있었다).

셋째, 매수자를 가족법인으로 만들어 대출받는 데 개인 사업자보다 유리하게 3억 원 이상 더 받을 수 있었던 점이다(당시 법인 대출이 일반 개인 대출보다 대출조건이 유리하다는 것을 건물 매수 7개월 전 정보를 드렸다. 그래서 계약일에는 개인 명의로 계약을 했고, 잔금 전에 법인 명의로 매수자를 바꾸기로 특약을 정했다).

소개한 지 하루 만에 건물을 계약하게 된 사례도 있다. 그래서 중개사무소에 방문해 상담할 때와 추가로 투자 가능한 금액에 변동이 생기면, 사전에 전화로 알려줘야 본인에게 맞는 물건을 찾기 쉽다.

본인 자금 외에도 은행 대출 조건도 분기별로 변경된다. 중개사무소 소장은 오케스트라 지휘자처럼 매도자, 매수자와 은행 대출 등을 자연스럽게 점검해야 한다.

이 물건을 매수한 C사장님 부부는 최근 디저트를 사가지고 방문했다. 이제 어느 정도 건물 관리에 대한 노하우도 체험했고, 더 자금을 보태서 리모델링 사업 쪽으로 일하고 싶다면서 매매를 의뢰하러 오셨다.

처음 필자는 '매매를 너무 서두른 게 아닐까?'라는 마음을 가지고 상담을 해드렸는데, 부부가 서로 의견이 일치해 방문했고, 건물 인테리어 사업 쪽으로 일하고 싶다는 의사를 가지고 계셨다. 한 달 정도 시간을 달라고 하고 물건을 의뢰받아 놓은 뒤 매매가는 68억 원 전후로 결정하면 될 것 같다고 말씀해드렸다.

당신도 5년 안에 100억 부동산 부자가 될 수 있다

독자분들은 이런 사례를 보고 어떻게 소형건물이 매매되고 있는지 생각해봐야 한다. 무조건 내가 가진 자금이 적다는 생각으로 중개사무소 방문을 부끄러워할 필요가 없다. 내가 가진 금액이 적더라도 그 자금은 독자분들에게 있어서 피와 같은 소중한 돈이다. 부자가 되는 종잣돈이 될 수 있다는 점을 알아야 한다.

아무리 적은 금액이라고 할지라도 여러 가지 조건을 퍼즐 맞추듯이 조립하다 보면, 묘안이 떠올라 건물을 매수할 수 있다. 그러므로 내가 사고 싶은 지역 물건들의 가격이 어느 정도 형성되고 있는지 파악하고 있을 때 급매물이 나온다면 알아보기 쉽다.

그리고 분기에 한 번씩 자신의 자산을 알아보고, 건물을 매수할 계획이 있다면 항상 계약금 정도 금액은 융통할 수 있도록 준비한 뒤에 중개사무소를 방문해야 한다.

유연한 사고로
건물주가 되어라

2015년 필자는 K사장님께 2차선 대로변에 남들이 싫어한 맞벽 건물(소유주가 달라서 고객분들은 향후 재건축할 때 복잡하다고 그 물건을 소개하면 거들떠보지도 않았던 건물이다)을 매수하게 되면 장점이 많다고 설명해드렸다.

고객들에게 일단 한쪽 건물을 매수하고 사용하면서 반대쪽 건물이 매매로 나오면 그때 매수하자고 말씀드렸다. 이 건물의 장점은 맞벽으로 건축하면서 오히려 용적률 인센티브를 받을 수 있었다. 2종 일반주거지역 필지지만, 용적률 290%를 받아 연면적이 넓어서 임대료가 많이 나오고 있었다.

하지만 맞벽이라는 단점을 가지고 있어 소유자들에게는 주변 시세보다 저렴하게 가격 조정을 해야 한다고 말씀드렸다. 필자가 제안한 금액에, 몇 달 차이로 두 건물을 K사장님이 매수하게

당신도 5년 안에 100억 부동산 부자가 될 수 있다

되었다. 이제 온전히 하나의 건물주가 된 물건이 되었다. 이 건물은 3년 후 매각을 했는데 건축사가 다시 한쪽 건물을 사고, 반대쪽은 건물안전 관련 기술사가 그 건물을 사옥으로 샀다. 두 분 다 건축에 대해서는 일반인들보다 훨씬 전문가인데, 왜 그 고객들은 아무런 이의를 제기하지 않았을까? 필자가 설명한 이야기를 듣고 건축물대장을 발급받고 나서 확인한 뒤 장점이 많은 건물이라는 것을 알고 이의를 제기하지 않은 것이다.

첫째, 건축전문가들은 건물의 장점을 봤고, 일반인들은 단점을 봤기 때문에 그 건물 매수를 주저했다.

둘째, 공인중개사의 말을 신뢰했기 때문이다. 필자를 신뢰하고 건물을 매수했던 K사장님은 3년 후에 처분하면서 30억 원이라는 시세 차익을 보고 다른 곳으로 이주를 했다. 이런 상황을 일반인들은 어떻게 이해할 수 있을까?

한편 부부가 필자의 중개사무소에 동행 방문할 경우 진성 고객으로 보고 정말 열심히 설명을 해드린다. 이런 분들은 자기들이 원한 건물의 규모나 자금, 매수 목적 및 향후 본인들이 사용할 면적 등을 여쭤보면 정확하게 계획이 세워져 있다. 대부분 자신들이 원하는 지역도 정해놓고 오시기 때문에, 수익률에 크게 좌우되지 않고 장기적인 관점에서 부동산을 매수한다.

독자분들은 사고 싶은 지역에 속마음까지 터놓고 이야기할 수 있는 중개사무소가 있는가? 진정성 있는 공인중개사를 알고 지내는 것도 본인의 자산 증가에 중요하다는 것을 꼭 명심하기 바란다.

한편 건물이 공실 상태로 장기화하면 특별한 계획이 없는 경우 소유자들은 한 번쯤은 매각을 고려한다. 그렇기 때문에 매수자로서는 일부 본인이 사용할 수만 있다면 오히려 임차인 걱정을 할 필요도 없다. 명도 비용이 들지 않으니까 더 많은 장점이 있는 물건이라고 생각하면 된다.

일반 고객들은 공실이 있는 물건을 보여드리면, 대출에 대한 이자를 먼저 떠올리기 때문에 회피하려고 한다. 그래서 그 물건을 배제하려고 하는데, 절대 그렇게 생각하면 안 된다. 보통 상가를 제외하면 일반 사무실의 경우 1년 단위로 계약을 하므로 건물을 매수하려고 안내받았을 때 공실이 없었더라도 잔금 때 공실인 경우도 있다. 이러면 더 당황할 수 있다.

그래서 건물을 매수하고 나서 1년 정도 지나야 임차인들과 재계약을 하든지, 신규 임차인과 계약하게 된다. 완전히 안정화 단계가 되는 데 1년 정도의 기간이 필요한 것이다.

다음은 건물의 관리 상태가 너무 좋지 않은 경우다. 일단 공인중개사와 동행했을 때 마음에 드는 물건을 보면 앞서 말했듯 옥상부터 내려오면서 계단과 벽면 화장실 상태를 점검하면서 내려와라. 지하층 바닥 면에 습한 먼지가 덮여 있는지 확인도 해봐야 한다.

당신도 5년 안에 100억 부동산 부자가 될 수 있다

옥상의 경우 특별한 경우가 아니면 소방탈출구로 사용하기 때문에 출입구를 잠가놓지 않는다. 옥상에 가보면 폐기물이 있거나 건물 임차 직원들의 휴게소로 활용하면서 담배꽁초나 온갖 전기 배선들이 정신없이 얽혀 있는 일도 있고, 아주 깔끔하게 정리 정돈되어 휴게 공간으로 사용한 건물도 있다. 옥상을 보면 그 건물의 관리 상태, 즉 건물주가 그 건물의 유지보수에 어느 정도 신경을 쓰고 있었는지 금방 알 수 있다.

방수 상태라든지 빗물 홈 청소 상태도 함께 봐야 한다. 이렇게 관리가 잘 안 된 건물을 의외로 좋은 가격에 구매하면 원석을 잡는 것이다. 이런 물건이 만약 연면적이 넓고 용적률이 높다면 대수선이나 리모델링을 통해 건물의 가치를 높일 수 있다. 단기간에 시세 차익을 실현할 수 있는 것이다.

2020년 강남구 개포동에 대지가 넓은 건물이 나왔다. 3면이 도로에 접한 물건이었다. 이 건물의 단점은 우선 맨 꼭대기 층에 종교 시설이 있고, 그 임차인들의 집기 비품을 옥상과 복도에 산더미처럼 쌓아놓고 있다는 것이었다.

영어학원장을 하신 분은 종교적 신념에 의해서 매수를 포기했다. 다른 회사 법인들은 "종교 시설은 명도 문제가 복잡하더라"는 주변 지인들의 말을 듣고 시도도 해보지 않고 포기했다.

어느 날, 여의도에 재건축아파트를 보유하고 계신 P사장님이 오셔서 마음에 든다고, 잘만 해주면 공인중개사에게 자동차 한

대를 선물로 사 주겠다는 말을 하셨다. 처음이라 웃고 넘어갔지만, 나중에 그분이 어떤 분인지 알았다. 그래서 매매를 진행하고 있었는데, 서울시에서 여의도 아파트 재건축을 전면 백지화하는 바람에 아파트 매매 계약 자체가 진행이 안 되었다.

따라서 당연히 건물 매수를 할 수가 없었다. 정말 배구에서 시간차 공격을 하는 듯한 느낌이 들었다. 만약 물건을 알아보지 않고 아파트 매매 계약을 먼저 했다면 가능했을 것이라며 아쉬워하고 있었다.

그런데 3년 만에 30억 원의 차익을 남기고 가셨던 K 사장님께서 한참 만에 70~80억 원대 건물을 사겠다고 오셨다.

처음에는 도곡동 3종 일반주거지역에 엘리베이터가 있고, 5~6층이 복층주택인 125평 대지의 물건을 78억 5,000만 원에 보여 드렸다. 그리고 앞서 종교시설이 있다고 언급한 개포동 대지 170평 대지의 2종 일반주거지역에 있는 73억 원 정도의 엘리베이터 있는 물건을 안내해드렸다. 당장 본인이 대출금액만 알아보고 개포동 건물을 계약할 테니 다른 고객에게 브리핑하지 말아 달라고 했다.

K사장은 보는 즉시 자신의 마음을 공인중개사에게 진심으로 전달하기 때문에 "알겠다. 며칠 동안은 기다려 보자"라고 했다. 필자가 잘 알고 있는 S은행 부지점장에게 전화해서 대출 조건을 유리한 방법으로 안내해드렸다. 그리고 바로 그다음 주에 계약을 진행했다.

당신도 5년 안에 100억 부동산 부자가 될 수 있다

평당 4,000만 원에 구매한 대지는 3년 지난 지금 8,000만 원 정도 주변 시세가 거래되고 있다. 이번에도 역시 빠른 결정이 매수하게 된 결정적인 경우였다. 170평이 평당 4,000만 원 가치가 상승해 68억 원의 자산이 증가했다.

그 건물에 있던 종교 시설도 천천히 명도를 진행하는 데 협조를 해줘서 큰 무리 없이 정상적인 임대를 하게 되었다.

독자분들이 생각하기에는 이러한 사례가 본인들에게 너무나 먼 이야기 같을지도 모른다. 하지만 실제로 은행 대출금을 제외하면 투자금은 맨 처음 건물을 매입할 때 26억 원 정도였다. 3년 만에 30억 원의 시세 차익을 봐서 양도세를 납부하고 73억 원 건물을 산 것이다. 이후 3년 지난 지금은 141억 원 정도의 가치가 있는 건물이 되었다. 모든 물건을 매수할 때 대출은 감정가액의 75% 정도의 금액을 받았던 분이다.

K사장님의 과감한 결정과 명도 문제 등은 일반인들이 생각하기에는 어려운 문제다. 그러나 '사람이 하는 일이니까 하다 보면 해결될 날이 오겠지', '어차피 1~2년 이내에 매매하지 않을 것이고, 임대료는 받고 있으니까!'라고 긍정적인 마음으로 부동산 투자를 하고 계신다. 가장 중요한 점은 대지가 넓은 물건을 선호한다는 것이다.

부자들은 현재의 임대료보다는 향후 지가 상승이 자산을 증가시킨다는 것을 체험으로 알고 있으므로, 최소한의 임대료만 나오면 임대료에 연연하지 않는다.

이렇게 건물을 매수하려면 유연하게 생각해야 한다. 향후에 그 지역의 상권 변화를 예상하고, 경기가 어려울 때도 최소한 임차인을 구하는 데 문제가 없는 지역인지, 상권의 성숙도가 어느 정도인지 알아보고, 장기적인 관점에서 바라봐야 한다.

지금까지 중개업을 하면서 현장에서 느낀 점은 부동산으로 자산을 증가시킬 기회는 많지만, 실행으로 옮기는 사람들만이 부를 가질 수 있다는 것이다.

독자분들도 아파트 한 채를 가지고 있다면 소형건물 매수부터 도전해보기 바란다.

경매보다
급매물을 찾아라

2013년 필자의 중개사무소 주변 SW건물주가 주거 겸 사옥으로 사용하고 있던 물건을 매매했다. 무역사업을 하던 SW건물주가 그 건물을 매수할 때는 무역사업이 잘나가던 때라 한 가지 아이템이 전국을 강타해 건물을 매수했고, 그동안 무리 없이 사업을 운영했다.

이 물건은 대지 60평의 3종 일반주거지역으로, 지하층부터 5층까지 건축되어 있어서 상층에 거주하면서 사옥 용도로 사용했던 것이다. 그러나 사업을 하다 보면 본의 아니게 굴곡이 있듯이 SW건물주도 몇 년 동안 계속 힘든 상황이 진행되었다. 수입한 아이템마다 인기를 얻지 못했고 경영이 어렵게 되었다. 가정에서는 불화가 자주 발생했다. 고민 끝에 강남역 근처에서 중개사무소를 운영하는 지인에게 20억 원짜리 매물로 내놓았다.

하지만 2년 동안 한 번도 매수자를 모시고 오지 않았다고 했다. 답답했지만 지인과 의리가 있어서 함부로 다른 사무소에 물건을 의뢰하지도 못했다고 한다.

필자가 어느 날 오전에 중개사무소 주변 물건을 파악하러 다니던 중 이웃집에 계신 분이 SW건물주가 요즘 소주만 계속 사 가신다고 말해주었다.

그 즉시 필자는 SW건물주에게 자초지종 이야기를 들었다. 그동안 필자의 중개사무소에 "왜 오셔서 말을 하지 않았느냐?"라고 여쭤봤다. 그 지인에게 몇 번 전화해서 급하니 빨리 매매를 진행해달라고 했으나, 그분은 물건에 대해 호가를 높게 불러놓고 매매 처리를 못 하고 계신 것이었다. 사실 건물 매수자도 주변 분위기를 보고 매수하러 오시는 고객들이 대부분이다. 그래서 물건지 주변 중개사무소에 매물을 내놓아야 쉽게 거래할 수 있다. 그렇지만 SW건물주는 주변 중개사무소에 본인의 상황을 알리기에는 자존심이 허락하지 않았다.

정상적으로 거래할 경우 18억 5,000만 원 정도 가능한 물건인데, 대출금이 12억 4,000만 원 정도라서 대출이자와 생활비가 상당히 압박되었다고 했다. 필자는 이러다가는 은행에서 경매로 넘길 수밖에 없는 상황이라는 것을 알려 드렸다. 그래서 필자는 "경매로 넘어가면 가족이나 자녀들에게도 마음의 상처가 되고, 전세로 이사할 자금도 부족할 수 있으니 조금 급매로 정리

당신도 5년 안에 100억 부동산 부자가 될 수 있다

하는 게 좋겠다"라고 했다. 분당 지역에 30평대 아파트 전세금이라도 마련할 수 있는 매매금이면 정리를 하는 것이 좋겠다고 말씀드렸다. 며칠 후 사모님과 협의해 오케이 사인이 떨어졌다.

그리고 한 달 후에 L부부 고객이 방문했다. 너무나 솔직하게 경매 입찰하러 몇 년 동안 법원에 다녔는데 2등만 했다고 했다. 그렇다 보니 지쳐서 혹시나 급매물이 있나 하고 방문했다고 했다.

필자는 이분들이 '혹시 정보를 알고 오셨나?' 싶었다. 무슨 일이든지 타이밍이 중요한데 정말 깜짝 놀랐다. 이 건물은 L부부가 원하는 금액의 물건이었기 때문이다. 그래서 "2등을 하셨다면 물건에 대한 분석을 잘하셨다는 것이군요. 낙찰받으려면 조금 더 과감하게 금액을 쓰는 일도 있어야지요"라고 말하면서 SW건물을 브리핑을 하고 안내해드렸다. L부부는 2일 후에 계약 의사를 밝혔고, 매도인과 금액을 16억 3,000만 원으로 합의했다. 매도인은 시원섭섭했겠지만 그동안 마음고생하신 것이 너무 큰지 고맙다고 하셨다.

매수인은 당시 경매 예상 낙찰가보다 더 낮은 금액으로 대출 원금을 승계하고, 본인이 임차하고 있는 월 300만 원 사무소를 매수한 건물 지하층으로 이전하며 비용을 절약했다.

그 뒤 등기 이전하고 리모델링을 하는 데 2억 원 정도 추가 비용이 들어갔고, 보증금 1억 5,000만 원에 본인의 사무실 임대료를 제외하고 850만 원 정도 임대료가 나와서 은행 대출이자를 내고도 월 360만 원 정도 저축을 하게 되었다. 실제로 본인 사무실의 임대료 절약분까지 합산하면 월 660만 원 정도 저축할 자금이 마련된 것이다.

일단 건물 매수 초기에 자금을 모으고 지출을 최대한 줄여 대출이자와 원금을 일부 상환하는 데 집중해야 한다. 그래야 향후 사업이 어려워져도 별문제가 없기 때문이다. L사장의 경우 본인이 순수하게 투자한 금액은 6억 원 정도였다.

임대료는 월 850만 원 정도 나오고, 본인 중개사무소 임대료는 무상으로 사용했다. 수익률뿐만 아니라 더 이상 경매 투자에 소중한 시간을 낭비하지 않아도 되고, 그 시간을 사업에 전념할 수 있었다. 그리고 1년이 지난 후에 건물 외부 페인트와 리모델링도 하며 좀 더 쾌적한 환경을 만들었다. 요즘 이 건물 1층에는 인스타그램에서 핫한 수제햄버거 가게를 임대해드렸다. 데이트 하면서 방문하는 젊은 고객들로 북적인다. 임대료도 예전보다 훨씬 더 받고 있다. 바로 근처 60평 대지 건물이 지난해 연말 66억 원에 매매되었다.

그런데 이 물건을 매매하기 전에 필자의 단골 고객이신 H선생님이 오셨다. 본인이 이 물건을 사고 싶었는데, 정년이 얼마 남지 않은 상황이라 30대 초반인 자녀들과 의논을 했더니 반대가 심했다고 했다. 만약의 경우 이자를 못 낼 정도로 어렵거나 임대가 안 되면 어떻게 할 것이냐고 했단다. "그 책임을 어떻게 지려고 하느냐?" 하면서 사지 말라고 반대했다고 한다. 몇 날 밤을 고민하다 포기하고 말았는데, 가끔 중개사무소에 들러서 그

당신도 5년 안에 100억 부동산 부자가 될 수 있다

때 매수하지 못했던 것에 대해 아쉬워하셨다.

자제분들도 결혼하고 나서 그때 그 건물을 사지 말라고 만류했던 것이 잘못이라는 것을 알았다면서 이제야 얼마나 좋은 기회였는지 알 것 같다고 했단다. 이렇게 부모의 연세가 어느 정도 되면, 자녀들이 본의 아니게 부모님 소유의 부동산을 매도나 매수할 때, 자신들의 의사를 주장하기 때문에 마음대로 할 수 없다. 그리고 정년을 몇 년 앞두면 본인들도 불안한 마음이 있어서 추진력이 떨어진다. 가능하면 자신의 수입이 있고, 신용이 좋은 상태에서 대출금리도 유리하니까 건물을 매수하는 게 적합한 때라고 생각하면 된다.

어느 날 양재동 중개사무소 P소장이 찾아왔다. 필자보다 중개업에 종사한 경력이 훨씬 많은 분인데, "경매로 진행 중인 물건을 매수하고 싶어 하는 고객이 계신다. 문제는 이 고객분이 그 고급빌라를 매수하고 싶은데, 복잡한 권리관계와 경매로 진행 중인 물건이라 어떻게 매수해야 하는지 아는 공인중개사가 없다"라며, 필자에게 거래시켜 줄 수 있는지 문의했다. 진행해주면 수수료 문제를 어떻게 할 것인지 이야기하고, 해당 물건의 경매를 진행한 담당자를 찾아갔다.

상황을 들어보니 공동담보로 진행되어 한 개만 따로 정리하기 쉽지 않다면서 이런저런 핑계를 대면서 난감한 제안을 했다.

필자는 "중개수수료를 받고 한 것이다. 컨설팅수수료를 받는 것이 아니다"라고 말했다. 자산 유동화 회사에서는 정말 저당금액에 할인을 받아 그 물건을 사왔으면서 경매 낙찰가보다 조금 더 받아 상환하고 정리할 테니 하고 싶으면 전화하라고 해서 명함을 주고 왔다. 며칠 후에 진행하도록 협조해주겠다고 연락이 와서 깔끔하게 정리해드렸다.

그런데 매수자는 강남지역에 부동산 컨설팅회사 대표였다. 마지막 정리가 끝나고 명함을 받고서 매수자가 하는 업무를 알 수 있었다. 부동산 중개는 자신이 해본 만큼 노하우를 가지게 된다.

필자보다 몇십 년 일찍 시작했던 공인중개사들도 하지 못했던 일을 하고 나서 업무에 대한 자신감이 생겼다. 이 일은 컨설팅회사나 중개법인에 대한 막연한 위축감도 해소하는 계기가 되었다.

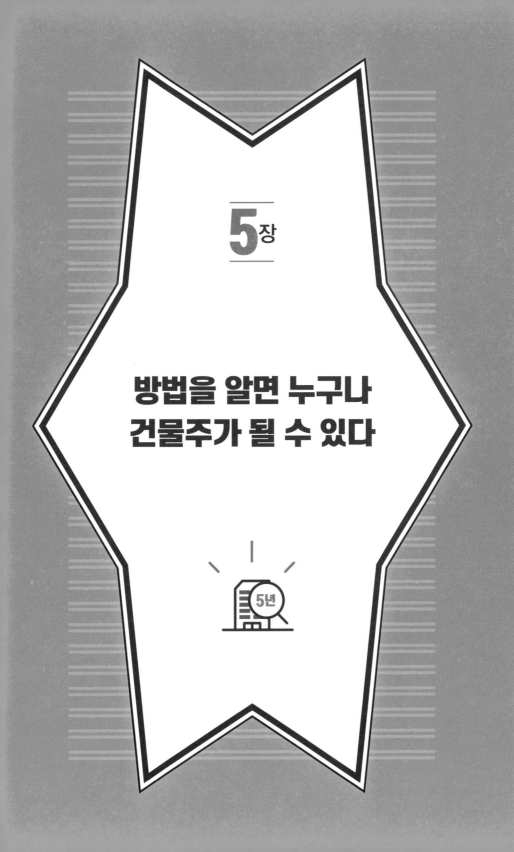

5장

방법을 알면 누구나
건물주가 될 수 있다

강남에 건물을 가지고 싶은 사람들

과거 TV 드라마에서는 부자들이 거주하는 상징적인 지역으로 주로 평창동이나 연희동이 등장했다. 그때 부자들은 단독주택에 거주했다. 그러나 이제는 아파트다. 산업화와 국민소득 증가로 사람들은 단독주택보다 아파트를 더 편리하게 생각한다. 아파트 수요가 늘어남에 따라 정부도 국민 주거 공급 기준을 단독주택보다는 아파트에 맞춰서 신도시를 만들어 공급해왔다.

한편 강남지역과 서울 경기지역에서 급격하게 도시 팽창이 진행되었다. 개발에 따른 토지 보상과 부동산 투자로 새롭게 부자들이 나타나기 시작했다. 전매 제한이 없던 시절에 강남지역에서는 하루에 물건 하나가 5번도 매매된 적이 있다고 한다. 얼마나 부동산 수요와 투기가 많았던 시절인지 지금은 감히 짐작할 수도 없는 일이다. 하지만 그 시절을 지내온 중개사무소 소장님들이 증인이고, 아직도 중개업계에서 현역으로 활동하고 있다.

그때 매스컴을 떠들썩하게 만든 복부인들도 필자의 연령대라면 기억에 남아 있을 것이다. 이때 부동산으로 재산을 늘려서 토지를 수십 필지씩 매수한 사람들은 신흥 부자의 대열에 합류하기도 했다. 이때만 해도 워낙 증여나 상속세 등에 대해서 잘 아는 사람들이 부족한 시절이라 세무 상담을 해주고 자산을 일부 나눠 받은 세무사들도 있었다.

지금은 투명한 세상이 되어 이와 같은 일들은 허용되지 않는다. 그때 그 시절에 이미 자산을 많이 소유하게 된 분들의 이야기를 들으면, 호랑이 담배 피우던 시절 이야기 정도로 취급할 것이다.

산업화로 인해 기업들이 성장함에 따라 그 대기업에 독점적으로 하청 사업권을 가진 중소기업들도 함께 성장하면서 우리나라 산업화의 주역이 되었다. 그분들 중 대한민국을 세계 경제 10위권에 진입하게 만든 역사적 주인공들이 많았다. 산업화가 진행되면서 자연스럽게 공장 용지를 매입했고, 공장을 지어 제품을 생산했다. 10~20년 제조업을 하면서 시간이 지나자 사업주들이 자산을 모아 단독건물을 매수했다. 단독건물 한 채로 사업수익과 임대수익을 모아 몇 년 후에 또 다른 건물을 매수했다. 은행은 필요한 자금을 대출해주고 충분한 이자를 받으며, 공생을 해왔던 시절이 있었다. 그렇게 시간이 지나면서 기존에 매수

당신도 5년 안에 100억 부동산 부자가 될 수 있다

했던 건물 담보가치가 올라가니까 신규 건물을 살 때는 공동담보로 제공해 감정가가 인상한 금액만큼 추가로 대출을 받아서 건물을 또 매수했다. 이런 방법을 반복해서 건물을 여러 개씩 매수해 다량으로 보유하게 되었다.

그런 사업가들이 최근에 연세가 들어 공장을 정리하거나, 토지를 매각하려고 하려다 본인들도 깜짝 놀랐다고 했다. 최초에 토지를 구매했던 100배 이상 올랐다고 했다. 물론 양도세를 납부해야 한다. 하지만 이미 십여 채의 고층 건물과 보유 부동산만으로도 그 사업자 자손들은 몇 대까지 부를 누리면서 살아갈 자산이 확보된 사례가 많다. 필자가 아는 사람만 상당수가 있다. 그리고 시간이 지남에 따라 건물가격은 올라갔다. 자연스럽게 자녀들의 자산도 증가하게 되었다. 자녀들에게 증여를 해주었던 부동산의 가치도 우리나라 경제 성장과 함께 부동산 가격이 동반 상승함에 따라 자녀들도 이미 부의 대열에 합류한 경우가 너무나 많다.

이런 고객들의 자녀들은 물론, 손녀나 손자들도 외국에서 생활을 많이 한다. 방학 때 한국에 들어와 인사하러 올 때마다 거액의 용돈을 줘서 자손들을 돈으로 구속하고 있는 경우도 있다.

할머니나 할아버지께 인사만 하러 가도 미국 왕복 항공권은 물론, 친구들과 실컷 즐기고 마음대로 여행을 하고 남을 정도의 금액을 준다고 했다. 이런 자손들은 당연히 부모님들이 할아버지나 할머니께 재산을 물려받은 것을 알고 있다. 본인들도 부모님들로부터 재산을 물려받을 것으로 알고 행동하고 다닌다.

재산이 아주 많은 할아버지는 부동산은 물론이거니와 세금을 피하고자 손주들을 화랑에 데려가 유명한 화가의 그림을 사주면서 미래 자산을 사전에 넘겨주기도 한다.

일반 서민들이 허리띠를 졸라매고 절약해서 은행에 저축하면, 기업들은 그것을 대출받아 회사의 역량을 키운다.

'개천에서 용 난다'라는 속담은 인터넷과 SNS마케팅을 통해 성공하거나 최고급 전자 제품을 제조한 일부 회사만의 일일 수도 있다.

상위 5%의 인구가 나머지 95%보다 몇십 배 이상 자산을 가지고 있다는 사실을 독자들도 알고 있지 않은가!

내가 부자가 아니면 내 자손들도 부자가 아닐 확률이 거의 95% 이상이라고 보면 된다. 자본주의 사회에서 부는 자신의 행복과 자유의 기본 요소고, 권력과도 같은 것이다. 자신만 고생하고 자녀들은 고생하지 않았으면 하는 마음으로, 우리 부모 세대는 베이비붐 세대를 교육하느라 온갖 힘든 일을 마다하지 않고 살아왔다.

실례로 필자가 강남지역에 중개사무소를 오픈했을 때, 주변의 대지 평당 가격은 2종 일반주거지역이 1,500만 원 정도였고, 3종 일반주거지역은 평당 2,500만 원 정도였다. 물론 용적률에 맞도록 건축한 물건으로, 토지가액과 건물가액을 합산한 금액이었다. 이들 건물주는 강남 개발 이전에 이 지역에서 농업이나 양잠업에 종사했고, 강남 개발 역사를 하나하나 잘 알고 있는 분들이다. 그렇다면 과거의 강남지역 지주와 그들 자손은 과연 강남에 건물을 많이 보유하고 있을까? 필자는 원주민인 강남 사람들은 그렇게 많지는 않다고 생각한다. 물론 초창기 개발 당시에 토지 보상금액으로 많이 받아서 건물을 지어 임대업을 하신 분들도 있다. 하지만 일부는 보상비를 자녀들에게 나눠줘서 자녀들이 사업자금으로 운영하다 부도를 낸 사람들도 있다. 그분들의 노후는 아주 힘든 상태다. 차라리 자녀들에게 사업자금을 주지 않았더라면 하는 마음도 있을 것이다.

그런데 이런 분들 주변에는 원래 지주였던 분들이 많다. 대부분 개발 당시 거액을 받아서 다시 토지를 경기도 일원에 구매한 분도 계신다. 그런 분들 중 분당과 평촌 지역에 투자한 분들은 모두 대단한 자산가가 되었다. 대토만이라도 보유하면서 현상을 유지만 해왔더라도 지금은 엄청난 자산가가 되었을 것이다.

최근 필자의 중개사무소 부근에 매각된 토지도 택지 개발 후 분양가가 평당 70만 원이었다. 그런데 2022년 봄 매각 금액이 평당 7,500만 원까지 치솟았다. 본인도 이렇게 오를 줄은 몰랐다고 했다.

정말 아무도 이런 지가 상승은 예측하지 못했던 일이다. 이런 분들은 양도세 걱정을 하면서도 언젠가는 팔아야 한다는 것을 잘 알기 때문에 매매하기 전에 절세 방법을 연구한 다음 매각을 진행하는 경우가 많다.

이러한 토지는 기반 시설 및 공공 부지 조성을 위한 정부의 계획하에 사업용 대지로 변했을 것이다. 많은 사람이 강남지역에 와서 사업하기 좋은 여건을 만들어준 결과이므로, 세금에 대해 불평할 수만은 없다고 상담해드리고 있다.

실제로 강남 택지를 개발하면서 테헤란로를 기준으로 일반상업지역으로 용도지역을 정하고, 점차적으로 용적률을 낮춰서 도시계획을 세웠다. 그래서 인구 집중 구역과 그렇지 않은 지역도 나눠 놓았다. 초기에는 압구정동이 개발되면서 아파트 문화를 정착시켰다. 점차 도시 팽창으로 인해 대치동과 강남 학교에서 경제적으로 여유가 있는 부모님들의 경제적 지원을 받은 자녀들이 일류대학교에 많이 진학했다. 자연스럽게 경제적으로 여유 있는 부모님들이 자녀들을 강남으로 데리고 와서 교육했던 것이 강남지역 지가를 견인하게 된 원인도 있다.

아주 특별한 경우는 부모님들이 물려준 토지에 저층 건물을 짓고 공한지(空閑地, 집을 건축하거나 농경이 가능한데도 장기간 방치되고 있는 땅) 세금만 피할 정도로 건축하고, 그 건물에서 나온 임대료보다는 자신들의 근로소득으로 생활해온 사례도 있다. 대부분 후자의 경우 자산을 유지하는 데 성공한 사례가 가끔 있다. 하지만 '교육환경이 주요 원인이라면 건물보다는 아파트나 주택에 관심이 많을 텐데?'라고 생각할 수도 있다.

보통 아파트의 가격이 오르고 나서 소형 단독건물의 수요가 증가한다. 예전에는 주식 시장 활황 후 6개월 정도 지나면 소형 건물 수요가 증가했다. 그러나 최근에는 주식 시장과는 별개로 움직이고, 큰 영향이 없는 것 같다. 오히려 아파트 가격 상승으로 이익을 보고, 전국에서 토지 보상을 받은 분들이 강남의 건물을 찾는 경향이 많다.

　필자의 고객 중 부산에 토지 보상받을 분이 1년 전부터 매수물건을 찾으러 다녀서 필자가 물건을 찾아 드렸다. 그런데 보상 일정이 몇 차례 지연되면서 연세 드신 고객들이 스트레스를 많이 받았다. 그래서 필자가 조금 더 기다리자고 하고, 몇 개월 후에 토지 보상금을 받아 서초구에 소형건물을 매매한 사례도 있다. 이 고객 외에 부부 합산 토지 보상비로 4,300억 원을 통장에 넣어놓고, 대형물건을 찾으러 오신 고객도 있었다. 대리인을 시켜서 통장을 보여주었고, 역시 강남 테헤란로 물건이나 여의도 대형빌딩을 안내해드렸다. 우리나라에서 개인이 현금 5,000억 원 이상을 보유하고 있는 사람은 500명이 조금 넘는다는 은행 관계자의 이야기도 들었다.

　그러면 왜 사람들이 큰 자금이 생기면 강남의 건물을 사려고 하는 것일까? 현장에서 듣고 경험한 바로는 첫째가 지가 상승이고, 둘째가 환금성이다. 아파트도 제일 먼저 가격이 오른 지역이 강남이고, 제일 나중에 가격이 내려간 지역 역시 강남이다. 건물의 경우 항상 수요가 많기 때문에 본인들이 원하는 금액에서 조금 조정해주면 비교적 단기간에 매매가 된다. 임대를 원하는 일반 사업자가 타 지역에 비해 많아서 공실률이 낮은 편이다.

또 연간 매출 규모가 어느 정도 되는 회사의 경우, 연간 2,000억 원 이상 매출이 나와야 세무조사 대상에 해당할 정도라고 하니 강남지역에서 왜 사업을 하려고 하는지 짐작이 간다. 이것은 인근 지역에서 직원 300명 정도인 회사의 사옥을 마련해주는 과정에서 그 회사 대표에게 들었다. 연매출이 500억 원 정도인데도 매년 세무조사 대상이어서 자기들은 사옥을 강남구에 사고 싶다고 말씀하신 분도 계셨다. 필자가 그 회사 대표분께 인근 지역 좋은 입지에 가격도 저렴한 물건이 판교 지역으로 이주하기 위해 매물로 나온 물건을 소개했는데, 전혀 관심을 주지 않았던 이유였다.

2006년 개업 초기 평당 2,500만 원 정도였던 3종 일반주거지역 물건이 2021년 1억 4,600만 원에 매매된 사례를 설명했다. 연간 임대료가 4억 원 정도에 달하는 건물인데, 10년 보유했으니 임대료 수입은 40억 원, 건물 시세 차익은 74억 원이었다.

매수 당시 본인의 순수 투자금은 75억 원의 30% 정도였다. 이렇게 건물을 매수한다는 것은 두 마리 토끼를 잡는 것과 같다. 두 마리 토끼는 지가 상승과 매월 받는 임대수익이다. 거기다 소유자는 중개사무소에서 매월 좋은 가격으로 매매해드리겠다는 전화를 받고 있다. 이렇게 환금성이 좋은 지역에 건물을 사야 한다.

서울 인근 경기도 지역만 봐도 중대형 건물은 매수자들이 거의 서울 고객들이라고 한다. 수익률이 아주 높거나 상권이 안정된 지역이 아니면 매수를 원하지 않기 때문에 환금성이 아주 떨어진다.

인천 지역 물건들도 필자에게 공동 의뢰하는 경우도 있다. 자금이 필요한 때 현금화할 수 있다는 것은 부동산 보유에 아주 중요한 요소다. 그리고 자녀들에게 물려줄 부동산을 구매하는 1순위 지역이 역시 강남지역이라는 것을 말하고 싶다.

나는 돈이 부족해도 건물을 사기로 했다

자본주의 사회에서 돈은 왜 필요한가? 혹자는 "돈은 권력이다"라고 말한다. 요즘 주변을 보면 모든 사람의 삶이 돈과 연결되어 있다. 한번 부자가 되어 본 사람들은 자녀들에게 그 부가 이어지게 하려고 여러 방법과 편법을 동원하며 애를 쓴다.

다행스러운 일은 부자가 아닌 사람들이 부자가 되고 싶은 욕망이 강해지면서 사회는 점점 모든 인터넷과 각종 SNS매체들 (유튜브, 인스타그램, 블로그 등)을 통해 부자가 되는 길을 열어놓았다. 부자가 될 수 있도록 부의 추월차선이 될 고속 도로 같은 시스템을 만들어놓았다. 일찍이 한 번도 경험하지 못한 세상이 눈앞에 펼쳐진 지도 상당한 시간이 지났다.

그런데 필자가 만난 부자들은 대부분 새로운 매체를 통해 부자가 되지 않은 사람들이 많았다. 지금 당장 자금이 부족해도 어

당신도 5년 안에 100억 부동산 부자가 될 수 있다

떻게 하든 건물을 사보려고 노력하는 고객분들을 보면, 필자는 내 일처럼 발 벗고 나서서 일하게 된다.

그런 고객분들은 건물주가 될 수 있는 마인드를 가지고 계신 분들이라, 지금이 아니더라도 언젠가는 반드시 건물을 가지고 있을 것이라는 생각을 하게 된다.

'꿈은 이뤄진다'라는 말처럼 자신의 목표가 정확한 분들은 나중에 여쭤보면 건물을 계약한 분들이 많았다.

필자는 부부가 힘들게 건물을 매수한 다음에는 대출금을 어느 정도 갚고 나서 자신들을 위해서 쓰는 것도 중요하다고 생각한다. 그런데 시간은 기다려 주지 않는 것 같다. 일부 고객은 건강이 뒷받침이 되지 않아 노후생활을 행복하게 보내는 것이 힘든 경우도 있다.

어느 건물주는 재산을 모으는 데 재미가 있고 더 행복함을 느낀 분도 있다 보니, 자신을 위해서 쓸 줄도 모르고 평생 개미처럼 살다 돌아가신 분들도 봤다. 그런 분들은 자산을 모으는 데서 행복을 느낀 것 같다. 자녀들은 '그 돈을 쓰면서 행복을 느낀 분들이구나!' 싶다.

대부분 돈을 모으면서 행복을 느낀 건물주들의 과거 이야기를 들어보면, 너무 고생을 해서 자녀들에게는 그 고생을 물려주고 싶지 않다고 한다. 그들에게는 돈이 없어서 남의 셋방을 살면서 주인의 눈치를 보며, 자녀들과 함께 살았던 지난날의 아픈 스토리가 있다. 그래서 자녀들만은 그런 서러움 없이 살아가기를 원한다. 그런 마음으로 돈이 부족해도 건물을 사두려는 생각이 강하다.

필자의 고객 중 자기 자금이 많아도 은행 자금을 대출받아 건물을 매수하는 고객도 있다. 레버리지를 활용한 투자 방법을 알고 실천하신 분들이다. 그분들의 경우는 사업가와 과거 정부 때 장관을 역임한 분도 계신다. 이렇게 레버리지를 활용할 수 있는 신용과 담보가치가 있는 물건을 매수할 수 있다면 얼마나 좋겠는가!

그렇지만 사람들의 생활수준이 다르고, 의식이 다르기 때문에 일부 고객들은 지금도 은행 대출을 극도로 견디기 힘들어하는 분들도 계신다. 그렇지만 적절하게 대출을 활용하면 자신에게 유리하다는 것을 알아야 한다.

일반적으로 건물을 살 때는 자기 자산의 총합계액에 매수물건의 대출금액과 임대보증금을 합치고도 부족하면, 본인과 가족들의 거처를 월세로 옮기는 경우도 많다. 남들이 부럽다고 말할지 몰라도 본인들은 당분간 힘든 시간을 보내야 하는 때도 있다.

그렇지만 희망이 있는 고생은 사서 할 수도 있다. 필자의 고객 중 건물 매수자금으로 활용하기 위해 자신의 아파트를 처분하고, 일정한 기간을 좁은 공간에서 여러 명이 모여 지내는 예도 있었다. 그렇지만 건물에 입주하고 나서는 그 고생이 즐거운 추억이 되었다고 한다.

요즘은 젊은 세대도 아파트보다 단독건물을 선호하는 사람들이 늘어나는 추세다. 그런 분들은 자금이 부족하니까 도시 지역에 소형필지를 찾아서 건축하고, 나름대로 행복한 생활을 하고 계신 분들도 있다.

그런 분들은 어릴 때 부모님들로부터 아파트에서는 발뒤꿈치를 들고 다녀야 한다는 이야기를 수도 없이 들었던 분들일 수도 있다. 그렇게 자라서인지 자녀들에게 더 자유로움을 주고 싶다는 생각도 가지고 있다.

내 집이 있어도 마음대로 소리 내며 휴식할 수 있는 공간이 없다 보니 답답했던 경험이 있다. 아파트와 빌라는 한 건물에서 살아가는 공동체 생활을 해야 하니, 진정한 자유로움을 느끼겠는가? 한 공간에서도 나만의 독립된 동굴이 주는 안락함과 편안함이 얼마나 큰지 느껴보지 않으면 모른다.

남편이 정년퇴직을 하고 나서는 매끼 차려주지 않아도 얼굴만 봐도 싫다고 하시는 어느 60대 후반 사모님이 있었다. 그 이야기를 듣다 보니 나이가 들수록 부부라도 한 공간에 갇혀 있는 생활이 일상이 되면, 서로 부담스럽고 답답하게 느낀다는 것을 알 수 있다.

필자도 아파트 생활을 할 때 옆집에서 가게를 운영한 분이었는지 밤 12시에 퇴근해 이런저런 손님들 이야기며 부부간 대화 소리가 들려서 도저히 깊은 잠을 잘 수가 없었다. 아래층에서는 12시간 교대 근무를 하는지 낮에 주무셔야 한다면서 위층에서 조금만 음식을 만드는 소리가 나면 금방 현관에 쪽지를 붙여 놓고 내려가는 등, 서로 힘들게 지냈던 일이 생각이 난다. 지금 생각하면 그때는 하루도 마음 편하게 지내고 살지를 못했다. 그래서 단독건물을 선호하는 분들도 많다.

또 다른 유형의 고객은 노후를 대비해 상가 겸용주택을 선호한다. 그분들은 주거와 임대사업 및 지가 상승을 바라보면서 힘들지만, 겸용주택을 매수하는 경향이 강하다. 특히 도심지역 역세권에서 도보로 7분 이내의 소형건물을 선호한다.

비교적 겸용주택에 대한 매수 수요가 많은 지역에 건물을 매수할 경우 거주하면서 자산이 증가한다. 임대료는 대출금액에 대한 이자를 납부하고, 일정금액은 생활비로 충당할 수도 있다. 연세가 드신 분들의 경우 아파트 한 채를 가지고 계신 것보다는 훨씬 좋은 투자 방법이라 말하고 싶다.

도심에 살면서 단독주택의 느낌으로 살고, 나만의 독립된 공간을 확보할 수도 있어서 더 좋아한다. 한번 단독주택에 거주하게 되면, '남들을 신경 쓰지 않고 산다는 것이 이렇게 편하구나!'라는 생각이 들게 된다.

단, 엘리베이터가 없다면 리모델링 공사를 해야 하는 번거로움은 있다. 필자가 2016년 H사장에게 권한 물건의 경우, 원룸건물에 3층 벽돌건물이었는데 본인들이 사업상 이 지역을 강력히 원했다. 다른 마땅한 물건은 나오지 않았다. 그렇다면 "일단 원하는 지역에 진입한다는 생각으로 매수를 하시는 게 좋을 것 같다"라고 필자가 권해드렸다. 그런 다음 일정 기간이 지나면 지가가 상승할 것이고, 감정가가 올라가면 건축비는 대출받아서 건축하면 될 것이라고 말씀드렸다. 2016년 평당 3,300만 원 정도를 주고 74평을 매수했는데, 지금은 평당가액이 8,300만 원 정도 되니까 차익이 37억 원 정도 발생했다. 지금부터는 대출을 이용해 정상 건축물을 건축하면, 몇 년 이내에 100억 원대 건물로 가치가 상승할 것이다.

자금이 부족하면 이와 같이 지금 당장 수익이 나오는 물건보다 향후 시간을 벌면서 자산이 증가하는 물건을 찾아 매수하는 방법도 있다. 이 물건도 다른 고객들에게 같은 방법으로 설명해드렸지만, 그분들은 시간이 지나면서 자산이 증가한다는 사실을 믿고 싶어 하지 않았다. 너무 조급해서인지, 당장 임대수익률이 낮은 건물은 매수를 포기했다. H사장의 경우 매수를 한 것이 지금과 같은 결과를 가져온 것이다.

부동산 가격도 자신도 모르는 사이에 매매가가 올라가 있는 것을 알 수 있다. 복리만큼은 아닐 수도 있다. 건물을 사는 데 자금이 부족하면, 내가 거주하는 주거지를 매매한다. 건물 위층에 거주하면서 옥상층은 정원이나 루프톱 카페처럼 가족이나 친지 모임 장소로 활용하면 아주 좋다.

잔금일 전에 일정 금액 마이너스대출이나 보험대출금을 활용하고 나서 입주 후에 임대보증금으로 대출받은 금액을 상환하는 방법도 있다. 그렇지 않으면 형제자매끼리 지분을 나눠서 매입하고, 층별로 거주하면서 지분만큼 임대사업을 하는 방법도 있다.

필자가 2018년 중개한 도시형 생활주택의 경우, 층별로 부모와 자녀가 지분을 나눠서 매입했다. 이렇게 하면 향후 증여하거나 상속을 받을 경우도 상당한 절세 효과를 얻을 수 있다.

본인 아파트 한 채를 팔아서 대출을 받고, 임대보증금을 합해 건물을 매수한다. 이후 본인들이 1층 상가를 사용하고, 5층에 거주하면서 월 임대료가 1,000만 원 정도 나온다. 신축에 가까운 건물이라서 좋고, 5년 정도 지난 현재의 지가는 매수할 때보다 2배 이상 올라갔다. 이 고객의 경우 자녀가 필자의 중개사무소 지역에 건물을 사고 싶다고 해서 5년 정도 이 지역을 돌아다니다 필자를 만나서 꿈을 이룬 경우다.

필자의 경험에 의하면, 그동안 수십 명 건물을 매수하신 분들은 모두가 자금이 부족한 상태에서 힘들게 자금을 마련한 경우가 90% 정도다. 그렇지만 과감한 결정과 행동이 있었기에 오늘날 자산가가 되었다. 다시 한번 그분들의 결단과 용기에 찬사를 보내고 싶다. 돈이 넘쳐나서 건물을 사는 것이 절대 아니다. 부족해도 사려고 하는 용기가 있었다는 것을 알아야 한다.

건물은 스스로 돕는 자를 돕는다

중개사무소를 운영하다 보면 고객의 마음에 드는 물건을 가지고 있지 않을 때는 보통 공동중개를 하게 된다. 필자도 개업 초기인 2006년부터 2007년까지는 하루에 20명 이상의 고객들이 투자 물건을 구하러 중개사무소를 방문했다. 당연히 개업 초기라 물건 수배가 안 된 상태라서 주변 중개사무소의 물건을 확인한 뒤 방문해 공동으로 보여드렸다. 그런데 다른 중개사무소에서 본인들이 가지고 있는 우량 물건은 보여주지 않는 경우가 많았다. 그래서 많은 고객을 놓치고 아쉬워했다. 그래서 중개사무소 위주로 임대를 진행하면서 건물주들과 자연스럽게 친하게 되었다. 계약서를 작성하는 데 조사 하나를 가지고 설명해주시는 고객도 있었다. 동네 어르신 정도로 생각했는데 나중에 알고 보니 과거 건교부 차관급이셨고, 행정고시 5회 출신이라고 말씀하신 고객도 있었다. 그래서 부동산 전문가 교육과정인 LBA 과정을 등록해 중개 업무에 필요한 지식을 배우고 수료했다. 그 후로 많은 건물주, 건축사, 세무사 등 중개 업무에 필요한 파트너를 만나면서 건물 매매에 대해서 어려움 없이 진행했다. 개업 초기에는 30명 정도 고객에게 설명해서 하나의 건물을 계약하는 정도였다. 하지만 시간이 지나면서 고객들과 상담하면서 얻은 정보를 바탕으로 건물을 맞춤형으로 설명하면서 5명에게 보여주면 한 채의 건물을 매매할 정도가 되었다. 그때부터는 고객이 원하는 것에 대해 어느 정도 자신 있게 설명해드렸다.

9년째 되는 해부터는 필자에게 '평생 은인'이라는 말을 한 고객들이 생겼다. 초창기에 어려울 때 도와주고 건물을 사드렸던 고객들이 자산이 증가하면서 고마움을 표시한 것이었다. Y고객은 본업과 건물 임대업의 수입이 역전되어 오히려 부동산 임대업 쪽으로 사업의 중심을 이동했다. 이렇게 건물을 매매하다 보니 자연스럽게 리모델링에 대한 경험과 건축법 등에 관심이 생겼다. 나중에는 매수 목적에 따라 맞춤형으로 리모델링 자문을 해주게 되었다. 그로부터 몇 년 지나자 필자의 중개사무소 주변 건물들의 모습이 예쁘게 변하면서 보람을 느끼게 되었다. 개업 초창기에는 건물 매수 의뢰 고객이 방문하면, 어떻게 대처하는지 알려주는 사람들이 없어 당황했다. 맨땅에 헤딩하는 마음으로 이 것저것 다른 중개사무소에 여쭤봤지만, 누구도 노하우를 알려주지 않았다. 심지어 인정작업(매수자가 내놓은 가격보다 높은 가격에 부동산을 팔고 그 차액을 수수료로 챙기는 것)을 하지 않는다면서 마음에 상처를 준 중개사무소 소장도 있었다. 그리고 필자에게 들어온 물건을 아는 중개사무소에 말했던 적이 있었다. 그런데 그 물건을 중개 계약을 하고는 필자에게 아무 말도 하지 않았던 경우도 있었다. 한참 후에야 그 사실을 알았다.

필자가 개업할 때 축하한다면서 찾아왔던 중개사무소 소장들도 정상적인 방법으로 영업하지 않아서 자격증이 정지되고, 부동산 업계에서 떠났다는 소식을 들었다. 인정작업을 하지 않으면 이 세계에서 살아남지 못한다고 겁을 주면서 전화했던 그 소장님은 필자가 공동중개로 안내했던 빌라 주인을 밤에 직접 찾아가서 단독으로 중개를 제안한 사실도 그 빌라 주인을 통해 알게 되었다. 눈 뜨고 볼 수 없는 부도덕한 일들이 자행되고 있는 현실 속에서 어떻게 경영을 하면서 살아남을지 몇 날 며칠을 고민하면서도 내 마음속에서는 '정도를 걷자!'라고 결론을 내렸다. 하루 이틀하고 그만둘 일도 아니고, 평생 직업으로 생각하면서 정직하게 살자고 다짐했다.

중개사무소만 힘들게 하는 것도 아니었다. 주변에 있는 인터컨○○이라는 법인에서 H이사와 친하게 지냈는데, 강남에 300억 원대 사옥을 사달라고 해서 물건을 수배해드렸다. 법인 대표분도 가끔 함께 방문한 적이 있었다.

신사동에 일반상업지와 3종 일반주거지역이 혼용된 물건이 300억 원 정도 되었다. 처음에는 대표가 용적률이 낮아서 관심이 없다고 했다고, H이사가 필자의 중개사무소에 와서 피드백을 하고 갔다. 그런데 몇 개월 지나고 나서 그 회사가 신사동 물건을 샀다는 소식을 전해 들었다. 그 몇 개월 동안 필자는 아내의 병환으로 동분서주하면서 중개사무소 문을 닫아 놓고 병간호에 신경을 쓰고 있었다. 그런데 인터컨○○ 법인 대표가 H이사를 계열사 대표로 발령을 내고, 다른 이사를 통해 그 건물을 매수한 사실을 H이사를 통해 듣게 되었다. 정말 화가 많이 났다. 하지만 '사람의 생명이 더 중요하니까. 어쩔 수 없는 일이 아닌가?' 하고 마음을 추슬렀다. 이렇게 크고 작은 일들이 무한 반복되면서 '부동산 중개업은 마음을 다스리는 직업이구나! 즉, 도를 닦는 일이구나!' 라는 생각을 하게 되었다.

하지만 반대로 신뢰할 수 있는 사람들도 있다는 것을 알았다. 개포동에 중개사무소를 개설한 M사장님과는 아주 특별한 인연이 있었다. 어느 날 공동중개하러 갔다가 처음 그분의 정직성과 성실함에 감동했다. 그래서 몇 차례 공동중개를 하면서도 매도인만 소개해줬다. 본인은 계약이 성사될 때 와서 계약서를 작성하고, 수수료도 상호 간에 협의하는 대로 정산했다. 그러면서 서로를 도와주고, 힘들 때 밀어줄 정도의 인간관계가 되었다.

그런데 2019년 추석 무렵에 M사장님에게서 연락이 왔다. 중개사무소 운영이 너무 힘들다고 하면서 임대료 걱정을 하고 계셨다. 필자는 공동중개할 물건이 있냐고 여쭤봤다. 75억 원 정도 되는 물건이 있다고 했다. 그러면 믿음을 가지고 이번 기회에 경험해보자고 말하고, 오늘부터 필자가 기도할 테니 바로 그 다음 날부터 M사장님이 기도하시기로 약속했다.

그러고 나서 월요일 저녁부터 개포동 매물을 위해 기도했다. 이 건물이 필요한 사람에게 꼭 연결할 수 있게 도와달라고…. 하루, 이틀, 사흘, 나흘…. 그리고 6일째 되던 날 필자에게 낯선 전화가 왔다. 받자마자 필자에게 "김한중 부동산 중개사무소 맞습니까?"하고 물었다. 어디시냐고 하니 부산에 사는 ○○이라고 했다. 급하게 건물을 매매하고 싶어서 연락했다는 것이다. 법인 중개사무소에 물건 내놓은 지 2개월이 지났는데, 아직 계약이 안 되어서 주변 건물주들에게 여쭤보니 소장님을 소개해주셨다면서 자기 소유 물건을 팔아달라고 하셨다. 알겠다고 말씀드리고 지번과 보증금, 임대료 현황 자료를 주시면, 건물에 직접 가서 보고 자료를 만든 다음 연락드리겠다고 말했다.

그러고 나서 그동안 중개사무소를 다녀간 고객 중 이 건물에 맞는 고객 네 분에게 월요일부터 차례대로 한 분씩 자료를 보내고 전화로 상담했다.

목요일 오전에는 7개월 전쯤 부부가 함께 방문했던 분에게 전화했다. 남편분이 대기업인 L전자에 다녔던 분인데 처음에는 자기 자금이 부족해 30억 원대 물건을 찾았으나 주변에 다녀보니 그 금액으로는 건물다운 물건을 찾을 수 없다는 사실을 알았다고 했다. 6개월 후, 자금을 조금 더 구할 수 있으니 50억 원대 물건까지 찾아달라고 통화한 지 얼마 지나지 않은 때였다.

그 L전자에 근무한 사장님에게 오전에 자료를 보냈다. 미팅 중이라 점심때가 거의 다 될 때 전화를 받았는데, 본인이 시간이 없으니 어머니에게 K은행 앞으로 오시라고 할 테니까 설명 부탁드린다고 하셨다. 역시 건물은 마음에 드신 것 같았다. 40억 원에 나온 물건이 임대료가 월 1,650만 원 정도 나오고, 보증금이 약 3억 원 정도니까 당시에는 수익률 3% 정도 나오면 좋은 건물로 보고 브리핑을 하던 때였다. 그래서 빨리 매수 여부를 결정하고 계약을 해야 하는 것이 가장 큰 단점이라고 말씀드렸다. 이미 법인 중개사무소에 2개월 전부터 매매로 내놓아서 지금도 어느 중개사무소에서 계약서를 쓰고 있는지도 모르는 상황이었다.

퇴근할 무렵 남편 분이 부인과 다시 한번 보고 싶다고 해서 보여 드렸다. 그리고 당시 1층 카페에 가서 이 물건의 장단점에 대해서 자세히 설명을 해드렸다. 밤 9시쯤 전화로 계약 의사를 밝혔다. 그리고 다음 날 금요일에 계약서를 작성했다.

그런데 그 주 토요일, 월요일과 화요일에 자료를 드렸던 고객 두 분이 계약을 하러 토요일에 나타나셔서 너무나 허탈해하셨다. 그리고 개포동 건물은 그해 12월 예전에 맞벽을 매수하셨던 K사장이 오셔서 건물을 보고, 매출 금액을 물어본 뒤 그다음 주에 계약하셨다. 개포동 중개사무소 소장의 어려움에 동참했는데, 필자에게는 너무나 큰 계약을 안겨준 일이 기억 속에 남아 있다.

당신도 5년 안에 100억 부동산 부자가 될 수 있다

대를 잇는 건물주

1980년대 이전 별다른 부동산 규제가 없던 때는 부동산으로 자산을 키운 사례가 많다. 이때 부동산 자산을 많이 확보해 자녀들에게 공동지분으로 증여하신 분들도 있다. 건물을 십여 개씩 보유하고 있는 경우도 있는데, 그 당사자분들이 어떻게 자산을 모아 부자가 되었는지도 필자에게 자세히 직접 이야기를 해주시기도 했다.

지금은 이렇게 자산을 많이 소유하기는 어렵다. 그때는 급격한 산업화로 기업들이 성장함에 따라 중소기업들이 서울이나 경기도 지역에 공장 용지를 매입해서 공장을 짓고, 제품을 생산한 후 10~20년이 지나 지가 상승으로 자산을 키운 사례도 많다.

키운 자산으로 건물 한 채를 매수하고, 건물의 가치가 올라가면 또 건물을 추가로 매수해서 건물을 여러 채 사놓을 수 있었다. 그런 고객들이 최근에 연세가 들어 공장을 정리하거나 토지를 매각하려고 보니 지가가 100배 이상 올라 깜짝 놀라기도 한다.

이처럼 강남 부자는 초기 개발 당시 부자였던 분들보다는 신흥 부자들이 많다. 사업으로 부자가 된 사람들보다 보유하거나 투자해놓은 부동산 가격이 올라가면서 자연스럽게 부자가 된 사례가 많은 것이다. 그리고 초기에 강남지역 아파트에 입주한 분들은 아파트 가격 상승과 더불어 미분양 주상복합아파트를 매수한 것들이 큰 자산이 되어 자산 형성에 도움이 되었다. 그런 부자들은 본인들이 거주하면서 아파트담보대출을 받아서 또 다른 재건축아파트를 전세 끼고 투자하는 방법으로 아파트를 몇 채씩 보유하게 되었다.

아파트 가격이 올라가자 처분하고 건물 매수를 한 분들과 그렇지 않고 계속 아파트를 임대사업으로 돌려 보유하고 있는 부류로 나뉘고 있다.

요즘은 젊은 세대들이 자기 사업을 해 강남지역 아파트를 사는 것은 쉬운 일이 아니다. 그래서 부모들이 강남에 아파트나 건물을 가진 자녀들은 부모님들에게 손주들 교육 문제로 강남에 들어와야 하는데, 부모님이 보유하고 있는 아파트에 자신들이 들어와 살고 싶다고 이야기를 한다고 한다. 부모들은 재건축아파트 명의만 가지고 있지, 사실 거주도 못 해본 주택에 손주들 교육을 위해 달라고 하는 것과 같은 말이다. 한번 주면 이제 자녀들 것이 된다는 것을 그분들도 잘 알고 있다.

이렇게 상황이 진행되어 본의 아니게 아파트를 물려주는 경우도 있다. 건물은 자녀들과 지분으로 공동 매수한 뒤 시간을 가지고 천천히 증여하는 분들도 있다. 또한, 보유한 건물을 통째로 자녀들에게 공동지분으로 증여하는 분들도 많다.

그래서 부자들은 자신들의 수입을 더 이상 지출할 곳이 부동산밖에 없기 때문에 자녀들에게 건물이나 아파트를 물려줄 수밖에 없다. 자연스럽게 대를 이어 건물을 소유하게 된다.

이런 고객들은 증여 초창기에는 자녀들을 중개사무소에 데리고 와서 인사를 시킨다. 계약 시에 참관시켜서 중개사무소에서 하는 태도와 임차인을 대하는 팁과 임대인으로서 자신들의 입장을 알려주려고 함께 방문하는 것이다. 그리고 관리소장을 둔 경우 관리소장들도 함께 참석시켜서 나중에 본인들이 부재 중이더라도 모든 일을 원활하게 처리할 수 있도록 시스템을 알려 준다.

이런 부자들은 자녀들이 해외에서 공부하다 잠시 한국에 들르더라도 반드시 부동산 관련 업무를 처리할 일이 있을 때면 동행해 사전에 건물 관리에 대한 노하우를 전수하고 있다. 이렇게 건물주들은 주변 건물주들과 자연스럽게 사귀면서 자녀들도 자연스럽게 친구가 되도록 해준다.

이런 건물주들은 은행에 가면 VIP 대접을 받는 것은 당연하며, 부동산이나 기타 은행 관련 상품에 대한 정보도 남들보다 먼저 받을 수 있다.

실제로 강남 부자들의 80~90%는 부동산의 가격 상승에 따른 부의 축적으로 인해 부자가 된 경우가 많다. 2006년 25억 원 정도의 건물이 2022년 150억 원 정도로 가격이 상승했고, 임대료도 매년 2억 원 정도 나오고 있으니 일반 서민들로서는 무슨 방법으로 그만큼의 부를 안정되게 축적할 수 있겠는가?

2006년 건물을 매수할 때 순투자금이 25억 원이라고 생각하면 큰 착각이다. 자기 자금은 약 10억 원 내외면 매수가 충분히 가능했던 물건들이었다. 순수하게 투자한 금액의 14배가 증가했고, 매년 임대료도 2억 원대 정도였으니 대출받은 15억 원은 이제 전체 자산 중 10%로 줄어든 것이다.

그래서 부자들은 가장 안전한 부의 증가 수단으로 일단 목돈이 쌓이면, 부동산 물건을 사두는 것이 일상적인 일이 된 것 같다.

필자가 알고 있는 D기업에서도 1~2년 하나 정도의 부동산을 계속 매입하고 있다. 그것도 전철 역세권을 중심으로 매수를 하므로, 앞으로 경기변동이 일어난다고 해도 어차피 매매하지 않을 것이기 때문에 아무런 걱정을 하지 않고 있다.

필자의 중개사무소 주변에 D건물주들은 할아버지 때부터 부모 세대를 거쳐서 손주 세대들까지 사촌들 전체 명의로 부동산 임대 관련 법인을 설립해 지분으로 매년 말에 임대료를 정산해 주고 있다.

이처럼 강남지역이 아니더라도 건물을 몇 개씩 보유한 경우에는 임대료만 가지고 충분하게 생활하고 남는 자금이 쌓이게 된다. 그래서 굳이 건물을 매매하려고 하지 않고, 자연스럽게 대를 이어 임대사업을 하고 있다. 큰 사업을 하지 않은 일반인들은 처음 건물을 사려고 할 때 가장 많은 스트레스를 받게 된다. 왜냐하면 그런 경험이 낯설기 때문이다. 주변에서 건물을 가지고 있는 분들을 본 경험이 있거나, 지인들이 건물을 보유하고 있으면서 건물에 대한 장단점을 알고 있으면 그나마 괜찮을 것이다. 하지만 대부분 막연하게 자신만의 희망적인 시선으로 건물을 매수한다면 더 힘들 것이다.

실제로 노후화된 건물을 매수할 경우, 명도와 리모델링 공사를 하면서 임차인을 구한다고 해도 100% 임대가 완료된 시점은 잔금일로부터 1년 정도 걸릴 수도 있다. 그러므로 잔금을 치르자마자 임대료를 가지고 대출금액 이자와 생활비를 충당하려는 경우 사전에 예비비를 준비하고 접근하는 것이 스트레스를 줄이는 방법이다.

요즘은 경기 예측이 어렵다 보니 임대에 대해 어느 정도 시간을 가지고 여유 있게 대책을 세워야 할 것 같다. 그러나 개인이 맨 처음 건물을 살 때 스트레스가 없이 건물주가 된 경우는 극히 예외적인 경우라고 생각하면 된다. 그러므로 필수적인 과정이라고 생각하면서 오히려 편안한 마음으로 받아들이는 것이 건강에 도움이 된다. 하지만 한번 경험을 하게 되면 그다음부터는 오히려 낡은 건물을 사서 리모델링한 것이 더 재미있다고 말한 고객들도 있다.

필자도 리모델링 공사를 보면서 건물 구조 및 자재와 설비 및 배관 등이 건물의 어디에 있었는지, 건물 내부 벽면에는 어떤 자재들이 들어가 있고, 단열은 어떤 자재로 되어 있는지 등 여러 건물을 다양하게 봤다. 그러다 보니 건물을 매수한 고객들에게 필요한 조언과 공사하신 분들 관리를 어떻게 하면 좋을지에 대한 대안도 가지게 되었다.

개인의 취향이 다르듯이 건물을 매수해 리모델링하는 것을 좋아하는 고객도 있다. 리모델링 공사를 하는 경우 건축사 사무소나 인테리어 공사 업체에 도급으로 맡기는 경우가 많다. 건물을 처음으로 매수한 고객이라면, 공사 현장에서 직접 참관해 공사를 지켜보는 것도 향후 건물을 관리하는 데 많은 도움이 될 것이다.

건물을 여러 채 가지고 있는 부자들도 자녀들에게 건물 관리나 공사 시에 참관을 시킨다. 그런 후에 자녀들이 원만하게 건물을 관리하길 바란다. 반면 그냥 임대료만 잘 나오면 된다고 생각하는 고객도 있다.

하지만 상가가 아니라 사무실이라면 보통 1년 단위로 임대 계약을 하므로, 현재 임차인이 계속 임차할 것이라는 생각에서 벗어나야 한다.

지금은 소형건물 한 채를 사려고 해도 힘들겠지만, 시간이 흐르면서 독자분들의 미래 자산 증가에 좋은 밀알이 될 것이다.

05 버킷리스트를 없애라

아내의 건강이 갑작스럽게 악화되어 응급실과 중환자실에서 안타까운 시간을 보냈다. 오늘 아침 병실 창문 너머로 파란 하늘에 수놓은 듯 흘러가는 흰 구름을 봤다. 잠시도 머무르지 않고 흘러가는 저 구름은 지금 어디로 가는 것일까? 목말라 비를 간절하게 기다리는 곳을 향해 달려가고 있는 것인지도 모르겠다. 이곳저곳에서 밤새 신음소리가 나서 제대로 잠을 이룰 수가 없었다. 사람들은 건강의 중요성을 알면서도 세상 사람들과 함께 살아갈 때면 자신들의 건강은 뒷전으로 하고 일상생활을 하면서 바쁘게 살아간다. 그렇게 바쁘게 지내다 보니, 스스로 건강을 통제할 수 없을 정도가 되어 병원에 입원해야 정신을 차리는 것 같다. '이제 조금 쉬어라!'라는 하나님의 은혜로 쉼을 가지는 것 같기도 하다.

어리석음에 대한 후회가 파도처럼 가슴속에 밀려 왔다. 왜 이런 상황이 올 때까지 세상의 욕심으로 살아왔을까? 이쪽저쪽 침대에서 고통을 참는 신음 소리가 다시 병실을 채우고 있다. 왜 사람들은 이렇게 자신들의 몸이 망가질 정도로 아파야 병원을 찾는 것일까? 이토록 힘들고 아픈 몸이 되어 침대에 누워서 무슨 생각을 하는 것인지 모르겠다.

살면서 내가 죽기 전에 하고 싶은 버킷리스트를 오늘부터 당장 하면서 살아야겠다는 생각이 강하게 들었다. 그렇지만 사회생활과 가정에서 자신이 해야 할 일을 하다 보면, 온전하게 자기만을 위해 쓰는 시간이 1년 중 몇 시간이나 가능한 것인지 생각해봤다.

필자도 나름대로 열심히 살면서 버킷리스트를 10개 정도 써놓고 살아왔다. 하지만 바쁘게 살다 보니 뒷전에 미뤄뒀던 것이 사실이었다.

오늘만 일하고, 아니 이번 계약만 하면…. 버킷리스트를 하루하루 미루면서 살아왔다. 무엇을 더 소유하고 싶어 그렇게 살아왔는지…. 왜 이렇게 어리석게 살았는지…. 땅을 치고 후회하고 싶은 심정이다.

건강하지 못한 아내를 위해 과감한 결단을 하지 못했던 행동에 대해 후회가 막심했다. 내가 적어 놓은 버킷리스트를 언제 하려고 그렇게 살아온 건지…. 스스로 반문해본다.

아내가 그토록 원한 조용한 곳에 경치가 좋고, 공기가 깨끗

당신도 5년 안에 100억 부동산 부자가 될 수 있다

한 지역을 찾는 게 왜 그렇게 찾기가 어려웠는지…. 그러나 모든 것은 변명이고, 핑계가 아닐까? 필자는 버킷리스트를 자세히 읽어봤다.

어떤 조건이 갖춰지면 하려고 했는지 내 마음속을 들여다봤다. 첫째는 경제적인 수입이 뒷받침되어야 한다. 그것도 생활비 걱정 없이 살아갈 수 있을 만큼 충분한 경제적 수입이 보장되어야 할 것 같았다.

둘째는 건강한 몸이다. 버킷리스트를 하나하나 성취할 만한 건강이 필요한 것이다.

셋째는 자유로운 시간이다. 절대적인 시간 속에서 살아가는 사람들은 직장을 다니면서 자신의 경제적 수입이 남에 의해 결정되는 사람들이다. 이런 사람들은 상대적인 시간을 만들라고 권하고 싶다. 즉 직장에서 구속되지 않은 자기만의 시간을 만들어 하루를 48시간으로 쪼개서라도 진정 자유로운 시간, 즉 자신이 마음대로 조정할 수 있는 시간을 갖자. 그래서 자기계발 하는 시간을 갖되 평생 자유로운 시간에 할 수 있는 일을 찾아야 한다. 필자는 시간에 구애받지 않고 중개사무소를 운영했지만, 자영업에 대한 한계를 벗어나진 못한 것 같다.

넷째는 자신의 의지대로 하는 것이다. 혼자만 할 수 있는 일이 많지 않다. 가족의 건강과 협조가 필요할 때도 많다. 그래서 나 자신의 건강과 가족 모두의 건강을 위해서 적당한 운동과 건강한 식생활을 해야 한다. 아무리 100세 시대라고 하지만, 현실적으로 75세가 넘어가면 지인 중 한두 명은 떠나고 혼자 남은 사람들이 어울리기 힘들어한다. 그래서 사회생활이 급격하게 위축되어 친구가 많지 않고, 돈이 있어도 같이 시간을 보낼 사람이 없다고 하소연을 했다. 게다가 소화력도 떨어져서 하루 세 끼 식사하면 소화가 어려워서 아침과 점심만 먹고 저녁을 먹지 않은 부자들도 있다.

그래서 필자는 버킷리스트를 달성하기 위한 필요조건으로 건강할 때, 경제적 안정을 해결하는 방법이 무엇인지를 고민해봤다. 풍요로움과 건강한 미래의 필요조건은 재정적인 안정이 기본이다. 그 방법의 하나로 우리는 매달 안정적인 수익이 나오는 건물을 사라고 권장하는 것이다. 스트레스의 80% 정도는 안정적인 수입이 있으면 건강에 해를 끼칠 정도가 되지 않는다는 보고서도 읽은 적이 있다.

세상에 떠도는 '조물주 위에 건물주'라는 말을 더 이상 하지 말고, 스스로 건물주가 되어보자. 그리고 건물을 사겠다고 목표를 정했다면 본인들이 정한 지역에 빅데이터를 이용해 최근 3개월에서 5개월 이내에 거래된 건물 매매 사례 지도를 만들어서 현장을 방문해봐라. 그리고 매매된 건물의 입지와 규모 내외부 상태 및 리모델링 전과 후를 로드뷰를 통해서 확인해봐라.

건물 내부에 들어갈 수 있다면 화장실과 옥상, 엘리베이터 유무도 확인해 건물의 가치를 판단해보고, 가까운 중개사무소에 들러 매매된 물건을 알고 있는지 문의해보자. 자세한 사항을 알고 있다면 건물 매매에 대해 관심이 많은 중개사무소다. 어느 중개사무소에서 매매했는지, 건물을 왜 매매했는지 등 여러 가지 세부적인 일들을 들을 수 있을 것이다.

그리고 주변 중개사무소에 들러 본인들이 사고 싶은 물건을 소개받자. 1층 임대료와 중개사무소 임대료가 평당 어느 정도 되는지 확인해보고, 대출 가능 금액도 알아봐야 한다. 은행에서는 RTI를 적용해서 대출하고 있다. 그렇기 때문에 임대료가 어느 정도 나오는지에 대해 체크해야 한다. 같은 대지 평수라도 연면적에 따라서 임대료 차이가 난다는 것은 앞에서 설명해드렸다.

이렇게 몇 개월 중개사무소를 다니다 보면, 내가 살 수 있는 대지 평수와 물건 규모가 정해지고, 가능한 자금도 알게 되어 있다. 그다음에는 건물을 매수할 경우 그 건물로 입주를 할 것인지, 가부를 정해야 한다. 각 층별 임대기간이 달라서 명도 협상을 해야 하기 때문이다. 가능하면, 중개사무소를 방문할 때 자신들이 원하는 건물 규모와 필요한 사항을 자세하게 알려주고 와야 한다. 그렇지만 6개월 이상 긴 기간 동안 이것저것 고민하다 보면, 건물을 사고 싶은 생각도 사라지고, 체력도 지치며, 리듬이 깨진다. 따라서 상당한 스트레스를 받게 되어 포기하고, 그냥 원래대로 편안하게 사는 게 좋겠다고 적당히 마음먹게 된다. 그렇게 되면 5년 후에는 반드시 후회하게 되어 있다. 그렇게 하지 말라고 필자가 당부드리는 것이다.

예전에는 고객들이 보유한 금액과 은행 대출금액을 조금만 받고, 건물을 매수해도 되었지만, 시간이 지나갈수록 단독필지에 대한 수요가 증가하기 때문에 더 많은 대출을 받아야 하는 게 요즘 중개업계 현실이다. 부자들은 경제적인 문제로 힘들어하지 않는데, 그들도 처음부터 그렇지는 않았다는 것을 잊지 말자. 그분들도 부자가 되는 방법으로 힘들게 건물을 매수했다. 그리고 시간이 지나면서 부동산 가치가 상승하고, 임대료와 지가 상승을 통해서 또 다른 건물을 매수하고…. 그렇게 하면서 부자가 되고 생활의 여유를 갖게 된 것이다. 그러나 안타까운 일은 이런 부자들도 자녀들을 교육하고 나서 조금 경제적으로 여유롭게 살 수 있는 나이가 되면, 부부 중 한 명의 건강이 발목을 잡는 경우가 많았다.

특히 요즘은 국내 사망원인 중 암이 차지하는 비율이 절대적으로 높아지고 있는데, 여성 사망원인의 60%가 암과 관련이 있다 보니 얼마나 스트레스와 식생활에 문제가 많은 것인지 짐작할 수 있을 것이다.

그렇다면 어떻게 건강과 풍요로움을 앞당길 수 있겠는가? 지금 바로 실행하지 않으면서 미래의 자유로움을 꿈꾼다는 것은 있을 수 없다는 것을 알고 움직여야 한다.

먼저 부자들처럼 경제적으로 자유롭기 위해서는 안정된 자산 구조를 가지고 있어야 한다. 가장 보수적인 방법으로는 부동산을 구매해 '임대수익'과 '자산 증가'라는 두 마리 토끼를 함

당신도 5년 안에 100억 부동산 부자가 될 수 있다

게 잡을 수 있는 대안으로, 필자가 주장한 소형건물을 매수하는 방법이다.

이 방법은 처음에는 반신반의하겠지만, 일정한 시간이 흐르고 나면 확신이 들 것이다. 우리나라 국민소득이 4만 달러나 5만 달러 이상 진입할 경우, 단독건물에 대한 수요가 지금보다 훨씬 증가할 것이다. 그때를 대비해 반드시 단독건물을 매수하라고 권한다.

구체적으로 매수하는 방법과 자금준비 및 건물을 보는 방법 등에 대해 앞에서 설명한 방법을 활용하면, 건물을 사려고 몇 개월 동안 막연하게 중개사무소를 들렀을 때보다 시간을 절약할 수 있다. 또 중개사무소를 선택할 때 독자분들의 의사를 충분히 반영한 물건을 찾아 줄 수 있는 업소를 찾을 수 있도록 기준을 설명해드렸다. 또 어떤 방법으로 어디에 자리 잡은 물건을 구매하는 것이 자신들의 노후를 편안하게 보낼 수 있는지, 향후 투자 가치와 자산 증가를 위해서 어느 지역에 물건을 구매하는 게 좋은지에 대해서 충분히 설명해드렸다.

그래서 경제적으로 자유로워지고 싶다면 부동산 투자의 정점이며, 기본에 해당하는 소형건물을 적극적으로 매수하라고 권하고 싶다.

2016년 수원에 있는 원룸 소형건물을 8억 원에 매도하고, 양재동에 대지 57평으로 리모델링된 근생건물을 매수한 P사모님은 매수 당시에 19억 3,000만 원으로 거래해드렸다.

그런데 2021년 P사모님은 근생건물 매수 바람이 불어서 평당 1억 원을 제시한 중개사무소가 있다고 하면서 필자에게 바꿔 탈 만한 건물이 있냐고 문의해오셨다.

불과 5년 만에 38억 원 정도 지가가 상승한 경우다. 월 임대료가 1,250만 원 정도 나온다. 하지만 그때는 중개 시장에 소형근생 매물이 없던 시기라 필자가 매도를 만류했다. P사모님은 서울에 있는 건물을 사는 것이 본인의 버킷리스트라서 아주 올바른 선택을 한 것이다.

적은 돈으로 해결할 수 있는 버킷리스트는 지금 당장 시작하라. 그렇지 않으면 필자처럼 후회할 수도 있다. 건강하지 못하면 그보다 더 고통스러운 일은 없다. 수백억 원을 가진 자산가라는 분도 같은 병실 옆에서 소변 줄을 연결해놓고 고통스러운 시간을 보내고 있다. 한 살이라도 젊고, 맛있는 음식 먹을 수 있을 때 더 용기가 필요하고, 더 많은 사람에게 희망과 용기를 줄 수 있을 때 버킷리스트를 실행하라고 당부하고 싶다.

당신도 5년 안에 100억 부동산 부자가 될 수 있다

방법을 알면
누구나 건물주가 될 수 있다

필자가 초등학생 시절에는 요즘처럼 멋지고 쾌적하면서 사계절 동안 수영할 수 있는 곳이 없었다. 뜨거운 햇살보다 더 따갑게 귓전을 울리는 대추나무 위에 앉은 매미 소리를 들으면서 마을 뒷산 넘어 냇가에 가서 놀았다. 쑥을 몇 잎 뜯어 돌멩이로 팍팍 내리치고, 손바닥으로 비벼서 귀를 막고 신나게 헤엄을 쳤다.

그런데 성인이 되어 건강관리 차원에서 수영장에 갔는데, 전문 강사가 수영의 기초로 물에 대한 공포를 없애기 위해서 그러는지, 숨 참기를 시키려고 그러는지, 물속에 잠수하는 것부터 가르쳤다. 지금 생각해보면 물에 대한 공포감을 없애기 위한 방법이 아니었나 생각해본다.

가장 재미있는 배영 기초를 배울 때는 온몸에 힘을 빼고 하라는 강사분의 말이 지금도 귓가에 생생하게 들리는 것 같다. 상식적으로 생각하면 온몸에 힘을 빼면 물속에 가라앉을 것 같지만, 부력이 있어서 자연스럽게 머리는 일부 잠겨도 코와 입은 물 위로 뜬다.

필자는 '물이 침대다'라고 마음속으로 생각하고, 물 위에 몸을 맡겼더니 정말 물 위로 자연스럽게 몸이 떠올랐다. 너무나 편안해서 침대보다 더 안락함을 느낄 수 있었다.

어느 분야에서나 전문가가 있고, 그분들이 가르쳐주는 방법으로 하면 제일 안전하고 쉽게 배울 수 있다는 것을 알게 되었다. 그런데 전문가라는 코치도 나름대로 숙련도나 경험의 양도 중요하다고 생각한다. 어떤 분야이건 최소한 한 분야에 필요한 시간(일만 시간 법칙에 따르면 어느 분야에서건 전문가가 되려면 일만 시간 정도 훈련해야 마스터가 가능하다는 주장처럼)을 투자해야 한다하는 것을 알았다.

다양한 사례를 경험하면서 어느 정도 기간이 지나면 본인도 모르는 사이에 전문가의 대열에 합류하게 되는 것 같다. 그러므로 전문가를 통해서 배운다면, 그들만의 축적된 노하우를 단기간에 가르침 받아서 높은 성과를 낼 수 있는 것이다. 그동안 본인들의 경력이 뒷받침되어 있다면 의심할 필요가 없다고 생각해도 된다.

더구나 그런 전문가가 구체적인 방법으로 집필한 책이나 유튜브 동영상이 있다면 금상첨화일 것이다. 그래도 믿을 수가 없

당신도 5년 안에 100억 부동산 부자가 될 수 있다

는 사람은 본인의 판단 기준이 다른 사람들과 다르다는 것을 알아야 한다.

자신이 모르는 낯선 분야에 진입하기 위해서는 우선 마음의 장벽을 없애야 한다. 그러기 위해서는 낯선 분야에 대한 기본적인 지식과 정보를 습득해야만 두려움이 없어진다.

필자의 경우, 예전에 핸드폰 대리점에 가서 상담을 받다 보면, 이런저런 혜택을 너무도 복잡하게 설명하기 때문에 오히려 신뢰감이 떨어지고, 주춤주춤 뒤로 한 발짝 떨어져서 다시 생각을 해본 경험이 있다. 이런 경험도 핸드폰 유통에 대한 기본 상식이 없어서 그런 것이다.

그러므로 낯선 분야에 진입하기 위해서는 가장 기본적인 정보를 어느 정도 습득하고 있어야 한다. 그러면 전문가의 말을 판단할 수 있는 기준이 생겨서 두려움이 사라지고 거부감도 없어지는 것이다.

필자는 건물을 사려고 방문한 고객들에게 "임차인에서 임대인이 되는 과정은 너무나 험난하다. 그리고 수많은 가시밭길을 지나가야 목적지에 도착할 수 있다"라고 말한다.

우선 부부와 가족의 적극적인 동의와 협조가 필요하다. 왜냐하면 힘든 시간을 참고 인내하면서 보내야 할 최소한의 시간이 필요하기 때문이다. 건물을 사고 나서 동고동락한 가족과 그렇지 않고 힘든 시간에 함께하지 못한 가족은 서로 공감과 추억이 달라서 건물에 대한 애착심이 다르다는 것을 알았다.

필자가 설명한 누구나 건물주가 되는 방법은 16년 동안 중개시장에서 습득한 것이다. 매도인과 매수인은 물론, 향후 소형건물을 매수하고 싶은 분이나 사업을 하시는 대표분들은 사옥을 구매할 때도 참고하면 도움이 될 것이다.

2016년 사옥을 마련한 J법인 대표는 중개사무소를 임차해 20년 이상 사업을 해왔다. 회사가 견실해 주거래은행 담당자가 사옥을 구매하면 아주 좋은 조건으로 대출을 해주겠다고 해서 J법인 대표는 담당자와 함께 필자의 중개사무소를 방문했다. 그런데 왜 이렇게 임대료를 장기적으로 내면서 사옥을 구매하지 않았는지 여쭤봤다. 담당자의 생각은 대표분께서 현금이 충분하지 않아서 중개사무소를 방문해 상담하지 않았다고 했다.

많은 분이 사업을 하다 보면 현금을 어느 정도 보유하고 있어야 하므로, 쉽게 건물을 매입할 만한 여유 자금이 없다는 생각을 하고 계신다. 그런데 J법인 대표분과 만나서 자금에 대한 부분을 상세하게 듣고 보니 법인자금만으로도 충분히 매수할 만한 금액을 가지고 있었다. 은행에서 필요한 자금은 대출받고 나머지 금액만 법인자금으로 충당했다.

평당 4,400만 원에 대지 80평, 지하 1층에서 지상 6층인 건물을 매수했고, 지하층부터 2층까지는 임대를 하고 3층부터 6층까지 사옥으로 사용하고 있다. 2022년 기준 평당 1억 1,000만 원 이상 거래될 수 있는 대지가 되었다. 임대료만 받아도 이자의 60% 정도를 감당하고 있다. 지가 상승은 물론, 직원들의 애

사심도 한층 더 좋아졌다.

개인적으로 건물을 매입할 경우라면, 현재 건물에서 나오는 임대료로 대출이자만 감당해도 되는 경우가 제일 좋은 시기라고 판단하면 된다.

이럴 때는 건물 매수 계획을 장기적으로 생각하면서 대지가 넓은 건물을 매수해 현재 본인의 수입이 발생하고 있을 때 바꿔 타지 않고, 100억 원대 건물로 한 번에 진입하는 방법도 있다.

정년을 2~3년 앞두면 "임대가 나가지 않아서 대출금 이자를 감당하지 못하면 어떻게 할까?" 하고 주변 지인들과 가족들의 만류가 심한 경우도 있다.

2013년 거래했던(4장 06에 소개했던) SW건물을 처음 소개받고 매수를 적극적으로 검토하던 L사모의 경우, 교직 정년을 얼마 남기지 않고 있는 기간에 급매물이 나와서 본인은 사려고 마음을 먹었다고 했다. 그러나 자녀들이 이런저런 사유로 매수하는 것에 대해 완강히 부정적이어서 몇 번 부딪히다 보니 자식들에게 나중에 원망을 살까 봐 결국 포기했다고 말해주셨다. 그러나 최근까지도 지가 상승이 되고, 임대도 잘되고 있다 보니 매수하지 못한 것을 아쉬워하고 있었다.

만약 L사모가 자녀들을 필자에게 소개하고 한번 만날 수 있도록 했더라면, 지금 자산 구조가 어떻게 증가했을까? 분명히 2011년 남편분을 만나게 해주고, 건물을 매수한 경우처럼 성공적인 투자가 이뤄졌을 것이다. 막연한 두려움보다는 현지 전문가들의 협조를 구하는 게 더 좋은 방법이라는 것을 알아야 한다.

최근 대기업 이사로 정년 퇴임한 부부들이 사무소를 방문한 때도 있었다. 그분들의 경우는 서울에 비교적 환금성이 좋은 곳에 있는 아파트 한 채와 소형상가, 기타 유가 증권으로 어느 정도 금액을 보유하고 계신 분들이다.

자산을 정리하면 대략 25억 원에서 30억 원 전후로 일반인들이 보기에는 비교적 안정된 자금이라고 할 수 있다. 하지만 생활의 규모를 늘려서 살다가 줄일 때 부부가 서로 마음을 이해해주지 않으면 많은 스트레스를 받게 된다. 그렇다고 아파트 한 채와 가지고 있는 현금만으로는 100세 시대에 대비해 충분할 만큼 많은 금액도 아니라고 생각을 하기 때문이다. 그렇다고 주식에 투자하는 것도 항상 불안하긴 마찬가지다. 주식 전문가들도 정확하게 예측할 수 없는 주식 시장에 본인들이 힘들게 모아온 자금을 투자해 미래를 대비하는 것도 불안하다. 이래저래 고민이 많을 수밖에 없다.

그러나 부동산과 주식으로 그동안 성공한 사람들이 어떤 형태로 자산을 키워 왔는지 학습해보길 바란다. 필자는 부동산 중개업을 16년 하면서 주식에서 돈을 벌어서 단독건물을 보유하고 계신 분은 단 한 명을 알고 있다. 이 사모의 경우 1988년 서울 올림픽 때 우리나라 주식 시장이 활황이 되어 사놓은 주식들이 몇 배씩 올라가자 한꺼번에 보유한 모든 주식을 처분해 단독주택 용지를 사놓고 몇 년 후에 건축했다. 지금은 노후 생활비 걱정 없이 지내고 계신 분이다. 만약 이분께서 계속 주식 시장에서 자금을 빼지 않고 계속 투자를 했다면 지금 어떻게 되었을까?

부동산을 장기 보유하고 나서 최근에 매도한 분들의 이야기를 들어보면, 부동산도 주식처럼 매일매일 시세를 알려주는 물건이라면 이미 팔아서 다른 곳에 사용했을 것이라고 했다. 부동산이라 그나마 진득하게 놔두다 보니 이런 날이 왔다고 했다. 그래서 필자는 노후자금은 가능한 안전한 곳에 투자하라고 권장한다.

임차인은
사업 동반자다

임차인은 사업 동반자다. 사업 동반자는 책임과 의무가 있다. 임차인으로서 책임은 당연히 약정된 날짜에 임대료를 납부하는 일이다. 임대인은 임차인들의 목적에 맞게 사용하는 데 불편함이 없도록 건물 관리 보수 및 행정적 절차에 협조해줘야 한다. 우선 임대인 관점에서 건물주라면 어떤 임차인을 만나고 싶은지 임차인들은 생각해봐야 한다.

조물주 위에 건물주라는 말이 어떻게 나왔을까? 몇 년 전에 건물주와 임차인이 다투다 불미스러운 일이 신문과 방송에 보도되면서 상가 임차인에 대한 보호법이 한층 강화되었다. 법의 제정 목적이 무엇인지 알아보면 너무나 간단하다. 임차인들의 권리를 최대한 보장해주려고 한 것이다. 그렇지만 임차인의 의무를 지키면 해당한다는 전제 조건이 있다. 어느 일방의 이익

당신도 5년 안에 100억 부동산 부자가 될 수 있다

만을 목적으로 형평성에 어긋나게 법을 만들 수는 없기 때문이다. 당사자 중 어느 일방이 자기 권리만 주장하고 의무를 게을리한다면, 부득이 법의 잣대를 가지고 시시비비를 가려야 할 것이다. 그렇지만 보도된 내용처럼 임대인과 임차인의 경우에 법은 감정을 자제한 다음의 일이고, 감정을 제어하지 못하면 서로 불미스러운 충돌이 발생하기도 한다는 사실을 말해주고 있다.

16년 동안 중개업을 하다 보니 여러 유형의 임차인이 있었다. 그중 어떤 임차인들은 고의로 임대료를 지연하면서 임대인과 힘겨루기를 하기도 한다. 또한, 장사가 잘되고 있는 상황인데도 임차료를 올려달라고 할까 봐 임대인을 만날 때마다 힘들다는 이야기를 밥 먹듯 하면서 사전에 '임대료 인상은 생각하지도 마세요!'라는 사인을 보내기도 한다.

같은 건물에 여러 명의 상가 임차인이 있는 건물의 경우 어느 한 업체 사장이 임차인의 대표를 자청해 임대인에게 이런저런 요구 사항을 제시하기도 한다. 처음부터 부당하다고 생각한 경우라면, 그 건물에 입주하지 않았으면 서로 편했을 것이라는 생각이 들 정도다.

자기 배 아파서 낳은 자녀들도 두세 명만 되면 부모 마음을 아프게 하는 자식들이 있다. 하물며 남남 간에 상호 이해득실 관계로 만난 임차인이 5~6명에서 많게는 20여 명이 된다면 더 말할 것도 없다. 임대인이 이들의 마음을 한결같이 이해한다는 것은 성인군자가 되라는 말이나 다름없다. 그만큼 어려운 일이다. 대부분 5~10명 이내의 임차인들과 지내는 것도 상당한 스트레스를 받게 된다.

몇 해 전 개포동에 소액으로 소형건물을 매수하게 된 K사모는 처음 임차인들과 만나고 나서 잔뜩 겁이 났다고 했다. 그래서 임대료를 조정하거나 임차인들과 이야기를 하고 싶지만, 임차인들이 목소리를 높여 따지듯이 말해서 힘들다고 했다. 필자는 "아무리 건물주라 하더라도 전혀 스트레스가 없는 것은 아니다"라는 말을 해드렸다. "사람 관계가 유지되고 이해득실이 걸려 있는데 어떻게 스트레스를 받지 않겠느냐?" 하며 그래서 스트레스 강도에 대한 보상으로 임대료 수입이 들어온다고 말씀드렸다. 그 후부터 임차인을 대하는 자세도 달라졌고, 상대방을 이해하면서 비교적 잘 지내고 있다. 상호 존중하면서 무리한 요구를 하지 않고, 원만한 인간관계를 유지하는 것이 제일 좋은 방법이다.

임차인은 임대인과 주종 관계가 아니라는 사실을 항상 염두에 두고 지내야 한다. 가끔 임차 건물을 한 회사에 몇 개 층씩 임대를 하다 보면 장단점이 있는데, 어느 것이 좋은 방법인지 당사자가 판단할 일이다.

한 회사에서 건물 연면적의 2분의 1 정도를 사용하게 될 경우 건물주가 임차인의 눈치를 봐야 할 경우가 많다.

고의적이라고 말하기는 그렇지만 필자가 알고 있는 JH빌딩의 경우, 임차인은 월 1,300만 원 정도 임차료를 연체하기 시작했다. 임대인은 경기가 좋지 않아서 그렇다고 생각했다. 하지만 외제 승용차에 골프를 거의 매주 다니는 등 하고 싶은 것은 다 자유롭게 하는 것을 관리소장이 확인했다. 좋은 말로 해도 안 되어서 결국 법원에 명도 신청을 받아 강제집행으로 내보냈다.

이렇게 되면 그 건물에 임차한 다른 임차인들도 선의의 피해를 보게 된다. 관리 상태와 임대인과 임차인의 관계가 금방 소문이 나기 때문이다. 아무리 임대인이 손해를 봤다고 하더라도 가재는 게 편이듯 임차인들은 그런 상황을 안 좋게 인식한다.

이렇게 한 건물에 여러 층를 사용하고 싶어 하는 임차인이 있다면, 회사 재무상태를 알 수 있는 서류를 받아보고 계약할 때 참고하면 좋다.

필자의 중개사무소 인근에 양재천 H건물주께서 그렇게 하고 계신다. 처음 중개를 할 때는 '왜 이렇게 까다롭게 하시지?'라고 생각했다. 하지만 임대사업을 오래 하다 보니 자신이 체험한 경험을 바탕으로 계약 전에 임차계약을 원하는 회사 법인이나 개인에 대해 불미스러운 일들을 사전에 차단하고 계신다.

특히 임차인 업종에 따라서 경기변동에 부침이 심한 업종인지, 다른 지역에서 이사하는 경우 매우 급하게 사무소를 임차하려는 경우에 반드시 체크해야 한다. 사업자등록증만 봐도 사업 경력을 알 수 있고, 이전 중개사무소 소장에게 여쭤봐도 알 수 있다. 그런데 가끔 임대인 중 임차인들과의 관계가 너무 힘들어서 건물을 매각하는 때도 있다. 최근에 필자가 매매해 명도를 진행하는 경우인데, 건물주의 생각과 임차인들의 생각이 완전히 상반되는 사례다.

건물주들은 관리비를 받으면 당연히 건물 유지보수비용으로 사용해 임차인들이 편리하게 화장실과 공용시설 등을 사용할 수 있도록 청결하게 유지해줘야 한다.

하지만 임대인은 노후한 건물이라 이해해주길 바랐고, 보다 못한 임차인들이 자비로 수리를 했다. 건물주는 임차인들이 임대료 인상을 심하게 반대하니까 임대료를 인상을 하지 못하고, 관리 유지보수비용을 줄이기 시작했다. 그래서 임차인들은 불만이 쌓여갔다. 심지어 임차인들은 자신들이 사용한 각종 공과금에 대해서도 납부를 거부하게 될 정도로 사태가 심각해졌다.

임차인 중 한 분이 대표로 건물주에게 임대료를 낮춰달라고 문자를 보내기도 하고, 단체로 임대료를 지연하기도 하면서 임대인을 힘들게 했다. 임대인과 임차인 모두 불만이 쌓인 경우다. 그렇지만 임차인들은 주변 시세보다 저렴한 임대료 때문에 다투면서도 선뜻 다른 곳으로 이전을 하지 않았다. 이렇게 처음부터 자신의 의무를 다하지 않으면서 상대방에게 권리만 주장하다 보니 건물을 매매하는 상황까지 오게 된 것이다. 이런 예도 있다는 것을 독자분은 생각해봤는지 궁금하다.

당신도 5년 안에 100억 부동산 부자가 될 수 있다

그래서 필자가 예비 고객들에게 건물 매수하러 다닐 때 왜 건물을 팔려고 하는지 정확히 이유를 여쭤보라고 한 것이다. 임차인과 임대인은 서로 신뢰를 바탕으로 권리와 의무를 다하다 보면, 임대인은 임차료를 받아 대출이자를 내고 안정된 생활을 하면서 자산이 증가한다. 임차인들은 해당 건물에 입주해 10년 동안 안정되게 사업체를 운영해 자금을 마련해 더 확장할 수도 있고, 부동산 투자도 할 수 있다. 그래서 임대인은 임차인들의 임차료가 지체되면 포기하지 않고 독려해 더 열심히 사업을 해서 임차료 지연이 없도록 하는 것이 중요하다. 한두 번 연체하기 시작하면 임대인과 임차인 관계가 부담스럽게 된다.

마음이 편해야 일도 즐겁다. 임차인도 괜히 임대료 지연 때문에 임대인 눈치를 보지 않아도 된다. 상호 간에 윈윈 전략이 최선책이다.

당신도 5년 안에
100억 부동산 부자가 될 수 있다

제1판 1쇄 2022년 12월 22일

지은이 김한중
펴낸이 최경선 **펴낸곳** 매경출판㈜
기획제작 ㈜두드림미디어
책임편집 이향선, 배성분 **디자인** 디자인 뜰채 apexmino@hanmail.net
마케팅 김성현, 한동우, 장하라

매경출판㈜
등 록 2003년 4월 24일(No. 2-3759)
주 소 (04557) 서울시 중구 충무로 2(필동 1가) 매일경제 별관 2층 매경출판㈜
홈페이지 www.mkbook.co.kr
전 화 02)333-3577
이메일 dodreamedia@naver.com(원고 투고 및 출판 관련 문의)
인쇄·제본 ㈜M-print 031)8071-0961
ISBN 979-11-6484-492-0 (03320)

같이 읽으면 좋은 책들

신방수 세무사의
부동산 거래 전에
자금출처부터
준비하라!

부동산 관리도
경영의 시대

부동산 관리와
종합서비스

신방수 세무사의
상속분쟁 예방과
상속
증여
절세 비법

집 짓장도 돈 버는
셰어하우스
SHARE
HOUSE

내 생애 짜릿한
대박 상가
투자법

신방수 세무사의
주택임대사업자
등록과
절세 비법

나는 장애를 딛고
부동산 경매로
성공했다

상위
1%
공인
중개사의
마케팅
비법

아파트는 살고
땅은 사라

부동산
상식을
돈으로
바꾸는 방법

해외 부동산 투자,
나는 말레이시아로
간다
MALAYSIA

당신도 건물주가 될 수 있다!
원룸
마스터

부동산
실무 法
용어사전
1,000

부자로 환승하라
머니트레인

부동산 투자
인사이트

그는 어떻게
부동산
1인 창업으로
10억을
벌었을까?

돈 버는
주택임대
관리기법

10%대 수익률을 위한
최고의 부동산 재테크
P2P
투자의
정석

부동산으로 이룬
자유의
꿈